O Sistema dos Objetos

Coleção Debates
Dirigida por J. Guinsburg

Equipe de Realização – Tradução: Zulmira Ribeiro Tavares; Revisão: Geraldo Gerson de Souza e Mary Amazonas Leite de Barros;Produção: Ricardo W. Neves e Sergio Kon.

jean baudrillard
O SISTEMA DOS OBJETOS

Título do original francês
Le système des objets

© Éditions Gallimard, 1968

Dados Internacionais de Catalogação na Publicação (CIP)
(Câmara Brasileira do Livro, SP, Brasil)

Baudrillard, Jean, 1929- 2007.
O sistema dos objetos / Jean Baudrillard ; tradução Zulmira Ribeiro Tavares. – São Paulo : Perspectiva, 2015. – (Debates ; 70 / dirigida por J. Guinsburg)

2. reimpr. da 5. ed. de 2009
Título original: Le système des objets.
ISBN 978-85-273-0104-6

1. Consumo (Economia) 2. Objeto (Filosofia) 3. Tecnologia e civilização 4. Valores - Aspectos psicológicos I. Guinsburg, J.. II. Título. III. Série.

04-6922   CDD-121.68

Índices para catálogo sistemático:
1. Objetos : Sistema : Semiologia : Filosofia   121.68
2. Sistema dos objetos : Semiologia : Filosofia   121.68

5ª edição – 2ª reimpressão
[PPD]

Direitos reservados em língua portuguesa à

EDITORA PERSPECTIVA LTDA.

Av. Brigadeiro Luís Antônio, 3025
01401-000 São Paulo SP Brasil
Telefax: (11) 3885-8388
www.editoraperspectiva.com.br

2019

SUMÁRIO

Introdução 9

A. O SISTEMA FUNCIONAL OU O DISCURSO OBJETIVO
   1. As Estruturas do Arranjo 21
      O meio ambiente tradicional 21
      O objeto moderno liberto em sua função . 23
      O interior modelo 25
         Os elementos 25
         As paredes e a luz 27
         A iluminação 27
         Espelhos e retratos 28
         O relógio e o tempo 30
      A caminho de uma sociologia do arranjo? 30
      O homem do arranjo 32

   2. As Estruturas de Ambiência 37
      Os valores de ambiência: a cor 38

A cor tradicional 38
A cor "natural" 38
A cor "funcional" 41
O quente e o frio 43

Os valores de ambiência: o material 44

Madeira natural, madeira cultural 44
A lógica da ambiência 46
Um material modelo: o vidro 47

O homem de relação e de ambiência 50

Os assentos 50
Culturalidade e censura 52

Os valores de ambiência: o gestual e as formas 53

O gestual tradicional: o esforço 54
O gestual funcional: o controle 55
Um novo campo operatório 56
A miniaturização 58

Estilização – maneabilidade – desenvolvimento 59

O fim da dimensão simbólica 60
A abstração do poderio 61
O mito funcionalista 63
A forma tradicional: o isqueiro 64
A conotação formal: a asa do carro 65
O *alibi* da forma 66

3. Conclusão: Naturalidade e Funcionalidade 69

Anexo: O Mundo Doméstico e o Carro 73

B. O SISTEMA NÃO-FUNCIONAL OU O DISCURSO SUBJETIVO

1. O Objeto Marginal – O Objeto Antigo ... 81
   Seu valor de ambiência: A Historicidade . 82
   Seu valor simbólico: O mito de origem ... 83
   A "autenticidade" 84
   A síndrome neocultural: A restauração .. 85
   Sincronia, diacronia, anacronia 88
   A projeção inversa: O objeto técnico nos primitivos 90
   O mercado do antigo 91
   O neo-imperialismo cultural 92

2. O Sistema Marginal: A Coleção 93
   O objeto abstraído de sua função 94
   O objeto-paixão 95
   O mais belo animal doméstico 97

O jogo serial 98
Da quantidade à qualidade: O objeto
　único 99
Objetos e hábitos: O relógio de pulso 101
O objeto e o tempo: O ciclo dirigido 103
O objeto seqüestrado: O ciúme 106
O objeto desestruturado: A perversão 107
Da motivação serial à motivação real ... 111
Um discurso a si próprio ...., 113

C. O SISTEMA META E DISFUNCIONAL: GADGETS E ROBÔS

   A conotação técnica: O automatismo 117
   A transcendência "funcional" 118
   Aberração funcional: O gadget 121
   Pseudofuncionalidade: O machin 122
   Metafuncionalidade: O robô 127
   Os avatares da técnica 132
   A técnica e o sistema inconsciente 136

D. O SISTEMA SÓCIO-IDEOLÓGICO DOS OBJETOS E DO CONSUMO

  1. Modelos e Séries 145
     O objeto pré-industrial e o modelo
       industrial 145
     O objeto "personalizado" 148
       A escolha 149
       A diferença marginal 150
     A idealidade do modelo 151
     Do modelo à série 153
       O *deficit* técnico 153
       O *deficit* de "estilo" 155
       A diferença de classe 157
       O privilégio da atualidade 158
       A desventura do indivíduo 160
       Ideologia dos modelos 162

  2. O Crédito 165
     Direitos e deveres do cidadão consumidor 165
     A precedência do consumo: Uma ética
       nova 168
     A coerção da compra 169
     O milagre da compra 170
     Ambigüidade do objeto doméstico 171

3. A Publicidade 173
   Discurso sobre os objetos e discurso-
      -objeto 173
   O imperativo e o indicativo publicitários . 174
   A lógica do Papai Noel 175
   A instância maternal: A poltrona Air-
      borne 177
   O festival do poder de compra 181
   Gratificação e repressão: A dupla ins-
      tância 183
   A presunção coletiva 187
      Detergente Pax 187
      O concurso publicitário 189
      Garap 190
   Um novo humanismo? 191
      O condicionamento serial 191
      A liberdade à revelia 193
   Uma nova linguagem? 196
      Estrutura e decupagem: a marca 196
      Um código universal: o *standing* 202

Conclusão: Rumo a uma Definição do "Consumo" 205

POSFÁCIO – Zulmira Ribeiro Tavares 213

INTRODUÇÃO

Pode-se classificar a imensa vegetação dos objetos como uma flora ou uma fauna, com suas espécies tropicais, glaciais, suas mutações bruscas, suas espécies em vias de desaparição? A civilização urbana vê sucederem-se, em ritmo acelerado, gerações de produtos, de aparelhos, de *gadgets,* frente aos quais o homem parece uma espécie particularmente estável. Tal abundância, caso se reflita a respeito, não é mais estranha do que a das inumeráveis espécies naturais. Ora, estas, o homem as inventariou. E na época em que começou a fazê-lo sistematicamente, pôde também, por intermédio da Enciclopédia, fornecer um quadro exaustivo dos objetos práticos e técnicos pelos quais se achava cercado. A partir daí o equilíbrio rompeu-se: os objetos cotidianos (não nos referimos às máquinas) proliferam, as necessidades se multiplicam, a produção lhes acelera o nascimento e a morte, falta vocabulário para designá-los. Pode-se esperar classificar um mundo de objetos que se modifica diante dos nossos olhos e chegar a um sistema descritivo? Existiriam quase tantos critérios de classificação quantos objetos: segundo seu tamanho, grau de funcionalidade (que vem a ser a correspondência com sua própria função objetiva), o gestual que a eles se liga (rico ou pobre, tradicional ou não), sua forma, sua duração, o momento do dia em que emergem (presença mais ou menos intermitente e a consciência que dela se tem), a matéria que transformam (quanto ao moedor de café isto é claro, mas quanto ao espelho, ao rádio, ao automóvel? Pois todo objeto transforma alguma coisa), o grau de exclusividade ou de socialização no uso (privado, familiar, público, indiferente) etc. De fato, todos esses modos de classificação podem parecer, no caso de um conjunto em contínua mutação e expansão como o é dos objetos, pouco menos contingentes que a ordem alfabética. O catálogo da Manufatura de Armas de Saint-Etienne já nos oferece, na falta de estruturas, subdivisões, mas somente traz os objetos definidos segundo sua função: cada um corresponde aí a uma operação, freqüentemente ínfima e heteróclita, em parte alguma aflora um sistema de significações.[1] A um nível muito mais elevado, a análise, a um só tempo funcional, formal e estrutural, dos objetos em sua evolução histórica que encontramos em Siegfried Giedion (*Mechanization takes command*, 1948), essa espécie de epopéia do objeto técnico, assinala as mudanças de estruturas sociais ligadas a essa evolução técnica, mas pouco diz sobre a questão de saber como os objetos são vividos, a que necessidades, além das funcionais, atendem, que estruturas mentais misturam-se às estruturas funcionais e as contradizem, sobre que sistema cultural, infra ou transcultural, é fundada a sua coti-

---

(1) Mas mesmo este catálogo, só a sua existência é em compensação rica de sentido: em seu projeto de nomenclatura exaustiva há uma intensa significação cultural: a de somente se ter acesso aos objetos através de um catálogo que pode ser folheado "por prazer" como um prodigioso manual, um livro de contos ou um cardápio, etc.

dianidade vivida. Tais são os problemas aqui levantados. Não se trata pois dos objetos definidos segundo sua função, ou segundo as classes em que se poderia subdividi-los para comodidade da análise, mas dos processos pelos quais as pessoas entram em relação com eles e da sistemática das condutas e das relações humanas que disso resulta.

O estudo desse sistema "falado" dos objetos, vale dizer, do sistema de significações mais ou menos coerente que instauram, supõe sempre um plano distinto desse mesmo sistema "falado", mais rigorosamente estruturado do que ele, um plano estrutural além mesmo da descrição funcional: o plano tecnológico.

Tal plano tecnológico é uma abstração: somos praticamente inconscientes, na vida de todo dia, da realidade tecnológica dos objetos. No entanto, essa abstração é uma realidade fundamental: é ela que dirige as transformações radicais do meio ambiente. Ela vem mesmo a ser, seja dito sem paradoxo, o que há de mais concreto no objeto, pois o processo tecnológico é o mesmo da evolução estrutural objetiva. A rigor, o que acontece ao objeto no domínio tecnológico é *essencial,* o que lhe acontece no domínio psicológico ou sociológico das necessidades e das práticas é *inessencial.* Somos continuamente remetidos, por meio do discurso psicológico sobre o objeto, a um nível mais coerente, sem relação com o discurso individual ou coletivo, e que seria aquele de uma *língua* tecnológica. É a partir dessa língua, dessa coerência do modelo técnico, que se pode compreender o que ocorre com os objetos pelo fato de serem produzidos e consumidos, possuídos e personalizados.

É portanto urgente definir desde o início um plano de racionalidade do objeto, isto é, de estruturação tecnológica objetiva. Tomemos, com Gilbert Simondon (*Du mode d'existence des objets techniques,* Aubier, 1958) o exemplo do motor a gasolina: "Em um motor atual, cada peça importante é de tal forma dependente das outras por trocas recíprocas de energia que ela só pode ser o que é... A forma da culatra, o metal de que é feita, em relação com todos os outros elementos do ciclo, produzem uma certa temperatura nos elétrodos da vela; por sua vez essa temperatura reage sobre as características da ignição e de todo o ciclo.

"O motor atual é concreto, enquanto o antigo é abstrato. No motor antigo, cada elemento intervém em um determinado momento no ciclo, depois é destinado a não agir mais sobre os outros elementos; as peças do motor são como pessoas que trabalhassem cada uma a seu turno, mas sem se conhecerem umas às outras... Assim, existe uma forma primitiva do objeto técnico, a forma abstrata, na qual cada unidade teórica e material é tratada como um absoluto, necessitando para seu funcionamento de constituir-se como sistema fechado. A integração oferece nesse caso uma série de problemas a resolver... é então que surgem as estruturas particulares que se pode denominar, para cada unidade constituinte, de estruturas de defesa: a culatra do motor térmico de combustão interna se eriça com pequenas asas de resfriamento. Estas são como que anexadas do exterior ao cilindro e à culatra teórica e cumprem somente uma função, a do resfriamento. Nos motores recentes, essas pequenas asas desempenham ademais um papel mecânico, opondo-se como nervuras à deformação da culatra sob o impulso dos gases... Não se pode mais distinguir as duas funções: desenvolveu-se uma estrutura única, que não é um compromisso, mas uma concomitância e uma convergência: a culatra, guarnecida de nervuras, pode ser mais delgada, o que permite um resfriamento mais rápido; a estrutura bivalente pequenas asas/nervuras preenche pois sinteticamente, e de um modo bem mais satisfatório, as duas funções outrora separadas: ela as integra e as ultrapassa... Diremos então que tal estrutura é mais concreta que a precedente e corresponde a um progresso objetivo do objeto técnico, uma vez que o problema tecnológico real reside na convergência de funções em uma unidade estrutural, e não numa procura de compromisso entre as exigências em conflito. Em última análise, nessa ida do abstrato ao concreto, o objeto técnico tende a atingir o estado de um sistema inteiramente coerente consigo mesmo, inteiramente unificado" (pp. 25-26).

Esta análise é essencial pois nos fornece os elementos de uma coerência jamais vivida, jamais perceptível na prática. A tecnologia conta-nos uma história rigorosa dos objetos, onde os antagonismos funcionais se resolvem dialeticamente em estruturas mais amplas.

Cada transição de um sistema para outro melhor integrado, cada comutação no interior de um sistema já estruturado, cada síntese de funções faz surgir um sentido, uma pertinência objetiva independente dos indivíduos que a utilizarão: achamo-nos aí no nível de uma língua; por analogia com os fenômenos da Lingüística, poderíamos chamar "tecnemas" a esses elementos técnicos simples — diferentes dos objetos reais — cujo jogo fundamenta a evolução tecnológica. Neste nível é possível considerar uma tecnologia estrutural que estude a organização concreta destes tecnemas em objetos técnicos mais complexos, sua sintaxe no seio de conjuntos técnicos simples — diferentes dos objetos reais assim como os sentidos entre os diversos objetos e conjuntos.

Mas esta ciência só pode se exercer rigorosamente em setores restritos que vão das pesquisas de laboratório às realizações altamente técnicas tais como a aeronáutica, a astronáutica, a marinha, os grandes caminhões de transporte, as máquinas aperfeiçoadas, etc., em pontos onde a urgência técnica faz atuar a fundo a coerção estrutural, onde o caráter coletivo e impessoal reduz ao mínimo o domínio da moda. Enquanto o automóvel se consome no jogo das formas mantendo um estatuto tecnológico minoritário (refrigeração por água, motor de cilindros, etc.), a aviação é obrigada a produzir os mais concretos objetos técnicos por simples razões funcionais (segurança, rapidez, eficácia). Nesse caso, a evolução tecnológica segue uma linha quase pura. Mas é claro que, para dar conta do sistema *cotidiano* dos objetos, esta análise tecnológica estrutural é insuficiente.

Pode-se sonhar com uma descrição exaustiva dos tecnemas e das suas relações de sentido que bastasse para esgotar o mundo dos objetos reais: mas isto não passa de um sonho. A tentação de usar tecnemas como os astros na Astronomia, isto é, conforme Platão "como figuras de Geometria, sem nos determos sobre o que se passa no céu, se quisermos nos tornar astrônomos de verdade e tirar algum proveito da parte inteligente de nossa alma" (*A República,* 1.VII), choca-se imediatamente com a realidade psicológica e sociológica vivida dos objetos, que constitui, para além de sua materialidade sensível, um corpo de coerções tais que a coerência do sistema tecnológico acha-se neles continuamente modificada e perturbada. É esta perturbação, e como se desenvolve a racionalidade dos objetos em luta com a irracionalidade das necessidades, e como tal contradição faz surgir um sistema de significações que se aplica em resolvê-la, que nos interessa aqui, e não os modelos tecnológicos, sobre cuja verdade fundamental, todavia, destaca-se continuamente a realidade vivida do objeto.

Cada um de nossos objetos práticos se associa a um ou vários elementos estruturais, mas por outro lado escapam continuamente da estruturalidade técnica para as significações segundas, do sistema tecnológico dentro de um sistema cultural. O meio ambiente cotidiano permanece, em larga medida, um sistema "abstrato": nele os múltiplos objetos acham-se em geral isolados de sua função, é o homem que lhes assegura, na medida de suas necessidades, sua coexistência em um contexto funcional, sistema pouco econômico, pouco coerente, análogo à estrutura arcaica dos primitivos motores a gasolina: combinação de funções parciais, por vezes indiferentes ou antagônicas. A tendência atual, aliás, não é absolutamente a de resolver tal incoerência, mas de atender às necessidades sucessivas por meio de objetos novos. Sucede assim que cada objeto, adicionado a outros, cumpre sua função própria, mas transgride o conjunto, por vezes até cumpre e transgride ao mesmo tempo a própria função.

Ademais, acrescentando-se as conotações formais e técnicas à incoerência funcional, é todo o sistema das necessidades — socializadas ou inconscientes, culturais ou práticas — todo um sistema vivido inessencial que reflui sobre a ordem técnica essencial e compromete o estatuto objetivo do objeto.

Tomemos um exemplo: aquilo que é "essencial" e estrutural, portanto o mais concretamente objetivo em um moedor de café, é o motor elétrico, é a energia distribuída pela central, são as leis de produção e de transformação da energia — o que é já menos objetivo uma vez que ligado à necessidade desta ou daquela pessoa, é a sua função precisa de moer o café — o que já não é de modo algum objetivo, portanto, inessencial, que ele seja verde ou retangular, rosa ou trapezoidal. Uma mesma estrutura, o motor elétrico, pode especificar-se em diversas funções: a diferenciação funcional é já segunda (de onde pode cair na incoerência do *gadget*). O mesmo objeto-função por sua vez pode especificar-se em diversas formas: estamos aqui no domínio da "personalização", da conotação formal, que é o do inessencial. Ora, o que caracteriza o objeto industrial por oposição ao artesanal é que nele o inessencial não é mais deixado ao acaso da demanda e da execução individuais, mas é hoje em dia retomado e sistematizado pela produção[2] que por intermédio dele (e da combinatória universal da moda) assegura sua própria finalidade.

É esta inextricável complicação que faz com que as condições de automatização de uma esfera tecnológica e pois de possibilidade de uma análise estrutural no domínio dos objetos não sejam as mesmas que no domínio da linguagem. Excetuando-se os objetos técnicos puros com os quais jamais lidamos na qualidade de sujeitos, observaremos que os dois níveis, o de denotação objetiva e o de conotação (por meio da qual o objeto é investido, comercializado, personalizado, por onde chega ao uso e entra em um sistema cultural) não são, nas condições atuais de produção e de consumo, estritamente dissociáveis como os da língua e da fala em Lingüística. O nível tecnológico não possui uma autonomia estrutural que permita aos "fatos da fala" (aqui o objeto "falado") ter numa análise dos objetos a mesma importância que têm na análise dos fatos da língua. Se o fato de se pronunciar o *r* vibrante ou guturalmente não modifica nada do sistema da língua, quer dizer, se o sentido de conotação não compromete em nada as estruturas denotadas, a conotação do objeto sobrecarrega e altera sensivelmente as estruturas técnicas. Diversamente da língua, a tecnologia não constitui um sistema estável. Ao contrário dos monemas e dos fonemas, os tecnemas acham-se em contínua evolução. Ora, o fato de estar o sistema tecnológico de tal forma implicado, por sua revolução permanente, no próprio tempo dos objetos práticos que o "falam" — caso tam-

---

(2) As modalidades de transição do essencial ao inessencial são pois elas próprias hoje em dia relativamente sistemáticas. Tal sistematização do inessencial tem aspectos sociológicos, psicológicos e também uma função ideológica de integração (cf. "Modelos e séries").

bém da língua, mas em uma medida infinitamente menor — o fato de o sistema ter como metas um domínio do mundo e uma satisfação de necessidades, quer dizer, fins mais concretos, menos dissociáveis da *praxis* que a comunicação que constitui a meta da linguagem — o fato enfim de a tecnologia depender estritamente das condições *sociais* da pesquisa tecnológica, e portanto da ordem global de produção e de consumo, coerção externa que não se exerce de forma alguma sobre a língua — de tudo isso resulta que o sistema dos objetos, contrariamente ao da língua, somente pode ser descrito *cientificamente* na medida em que o consideramos, *no mesmo movimento,* como resultante da interferência contínua de um sistema de práticas sobre um sistema de técnicas. A única coisa que dá conta do real não são tanto as estruturas coerentes da técnica como as modalidades de incidência das práticas sobre as técnicas, ou mais exatamente as modalidades de obstrução das técnicas pelas práticas. Mais explicitamente, a descrição do sistema dos objetos não se dá sem uma crítica à ideologia prática do sistema. Ao nível tecnológico não há contradição: há somente sentido. Mas uma ciência humana não pode ser senão aquela do senso e do contra-senso: como um sistema tecnológico coerente difunde-se em um sistema prático incoerente, como a "língua" dos objetos é "falada", de que maneira este sistema da "fala" (ou intermediário entre a língua e a fala) oblitera o da língua? Onde finalmente se encontram, não a coerência abstrata, mas as contradições vividas dentro do sistema dos objetos?[3]

(3) À base desta distinção pode-se fazer uma reaproximação estreita entre a análise dos objetivos e a Lingüística, ou antes a Semiologia. Aquilo que chamamos, no campo dos objetos, diferença marginal, ou inessencial, é análoga à noção, introduzida em Semiologia, de "campo de dispersão": "O campo de dispersão é constituído pelas variedades de execução de uma unidade (de um fenômeno, por exemplo), na medida em que tais variedades não acarretam uma modificação de sentido (vale dizer, não passam à condição de variações pertinentes)... Poder-se-á falar em nutrição do campo de dispersão de uma iguaria, que será constituído pelos limites nos quais tal iguaria permanece insignificante quaisquer que sejam as "fantasias" de seu executante. As variedades que compõem o campo de dispersão são chamadas *variantes combinatórias*: não participam da comutação do sentido, não são pertinentes... Por muito tempo consideraram-se as variações combinatórias como fatos da fala; estão delas certamente muito próximas, mas atualmente são consideradas como fatos da língua, por conseguinte "impostas". (Roland Barthes, *Communications*, nº 4, p. 128). E R. Barthes acrescenta que tal noção promete tornar-se central em Semiologia, uma vez que tais variações que são insignificantes no plano da denotação podem tornar-se significantes no da conotação.

Vê-se que a analogia é profunda entre variação combinatória e diferença marginal: ambas concernem ao inessencial, são sem pertinência, dependem de uma combinatória e tomam seu sentido ao nível da conotação. Mas a distinção capital é que, se a variação combinatória permanece exterior e indiferente no plano semiológico da denotação, (as diferenças inessenciais) coagulam, estereotipam e fazem regredir. O tecnológico não designa, como o da língua para a linguagem, uma abstração metodológica fixa que vem ao mundo real pela mobilidade das conotações, mas um esquema estrutural evolutivo que as conotações (as diferença inessenciais) coagulam, estereotipam e fazem regredir. O dinamismo estrutural da técnica coagula-se ao nível dos objetos, na subjetividade diferencial do sistema cultural que por sua vez repercute sobre a ordem técnica.

A. O SISTEMA SOCIAL
     OU
     O DISCURSO OBJETIVO

1. AS ESTRUTURAS DO ARRANJO

O meio ambiente tradicional

A configuração do mobiliário é uma imagem fiel das estruturas familiais e sociais de uma época. O interior burguês típico é de ordem patriarcal: conjunto de sala de jantar, quarto de dormir. Os móveis, diversos na sua função, mas fortemente integrados, gravitam em torno do guarda-louça ou do leito central. Há uma tendência à acumulação e à ocupação do espaço, ao seu confinamento. Unifuncionalidade, inamovibilidade, presença imponente e etiqueta hierárquica. Cada cômodo possui um emprego estrito que corresponde às diversas funções da célula familiar e ainda remete a uma concepção do indivíduo como de uma reunião equilibrada de faculdades distintas. Os móveis se contemplam, se oprimem, se enredam em uma unidade que é menos espacial que de ordem moral. Ordenam-se em torno de um eixo que assegura a cronologia regular das condutas: a presença sempre simbolizada da família para si mesma. Neste espaço privado, cada móvel, cada cômodo por sua vez interioriza sua função e reveste-lhe a dignidade simbólica: completando a casa inteira a integração das relações pessoais no grupo semifechado da família.

Tudo isto compõe um organismo cuja estrutura é a relação patriarcal de tradição e de autoridade e cujo coração é a complexa relação afetiva que liga todos os seus membros. Este recinto é um espaço específico que tem em pouca conta um arranjo objetivo, pois os móveis e os objetos existem aí primeiro para personificar as relações humanas, povoar o espaço que dividem entre si e possuir uma alma.[1] A dimensão real em que vivem é prisioneira da dimensão moral que têm que significar. Possuem eles tão pouca autonomia neste espaço quanto os diversos membros da família na sociedade. Seres e objetos estão aliás ligados, extraindo os objetos de tal conluio uma densidade, um valor afetivo que se convencionou chamar sua "presença". Aquilo que faz a profundidade das casas de infância, sua pregnância na lembrança, é evidentemente esta estrutura complexa de interioridade onde os objetos despenteiam diante de nossos olhos os limites de uma configuração simbólica chamada residência. A cesura entre o interior e o exterior, sua oposição formal sob o signo social da propriedade e sob o signo psicológico da imanência da família faz deste espaço tradicional uma transcendência fechada. Antropomórficos, estes deuses domésticos, que são os objetos, se fazem, encarnando no espaço os laços afetivos da permanência do grupo, docemente imortais até que uma geração moderna os afaste ou os disperse ou às vezes os reinstaure em uma atualidade nostálgica de velhos objetos. Como freqüentemente os deuses, os móveis também têm às vezes oportunidade a uma exis-

(1) Por outro lado, tanto podem ter como não ter gosto ou estilo.

tência segunda, passando do uso ingênuo ao barroco cultural.

A ordem da sala de jantar e do quarto de dormir, esta estrutura mobiliária ligada à estrutura imobiliária da casa é ainda aquela que a publicidade propaga para um vasto público. Lévitan ou as Galerias Barbès continuam a propor ao gosto coletivo as normas do ambiente "decorativo", mesmo que as linhas se tenham "estilizado", mesmo que a decoração tenha perdido algo de seu apelo afetivo. Se tais móveis se vendem não é porque sejam menos caros, é porque trazem em si a certeza oficial do grupo e a sanção burguesa e também porque estes móveis-monumentos (*buffet*, cama, armário) e sua disposição recíproca respondem a uma persistência das estruturas familiares tradicionais em amplas camadas da sociedade moderna.

O objeto moderno liberto em sua função

Ao mesmo tempo que mudam as relações do indivíduo na família e na sociedade, muda o estilo dos objetos mobiliários. *Cosys*,* camas de canto, mesas baixas, prateleiras, elementos suplantam o antigo repertório de móveis. A organização também muda: o leito dissimula-se em sofá-cama, o *buffet* e os armários, em armários embutidos escamoteáveis. As coisas dobram-se, desdobram-se, são afastadas, entram em cena no momento exigido. Claro, estas inovações não têm nada de uma livre improvisação: na maior parte do tempo essa maior mobilidade, comutabilidade e conveniência são somente o resultado de uma adaptação forçada à falta de espaço. É a pobreza que inventa. E se a velha sala de jantar era sobrecarregada por pesada convenção moral, os interiores "modernos", na sua engenhosidade, produzem freqüentemente o efeito de expedientes funcionais. A "ausência de estilo" é primeiro ausência de espaço e a funcionalidade maximal uma solução da adversidade onde o domicílio, sem perder seu confinamento, perde a organização interior. A desestruturação

(*) *Cosy*: divã com prateleira, destinado a um ângulo da peça. (N. da T.)

sem reconversão do espaço e da presença dos objetos é antes de tudo um empobrecimento.

Assim se apresenta o conjunto moderno de série: desestruturado mas não reestruturado: nada vindo compensar o poder de expressão da antiga ordem simbólica. Todavia há progresso: entre o indivíduo e aqueles objetos mais flexíveis no seu uso, que não exercem nem simbolizam mais a coerção moral, a relação é mais liberal: o indivíduo por meio deles não se acha mais estritamente dependente da família.[2] Encontra em sua mobilidade e multifuncionalidade maior liberdade de organização, reflexo de disponibilidade maior em suas relações sociais. Mas isto constitui somente uma espécie de libertação parcial. Ao nível do objeto de série, na ausência de uma reestruturação do espaço, esta evolução "funcional" é somente, para retomar a distinção marxista, uma emancipação, não uma libertação, já que significa apenas a *libertação da função do objeto e não do próprio objeto*. Esta mesa neutra, leve, escamoteável, esta cama sem pés, sem caixilho, sem dossel, que é como que o grau zero da cama, todos esses objetos de linhas "puras" que não têm nem mesmo a aparência do que são, ficam reduzidos à sua nudez e como que definitivamente secularizados: aquilo que neles se liberta, e que, libertando-se, libertou algo no homem (ou que o homem, libertando-se, neles libertou) é a sua função. Esta não é mais obscurecida pela teatralidade moral dos velhos móveis, desembaraçou-se do rito, da etiqueta, de toda uma ideologia que faziam do ambiente o espelho opaco de uma estrutura humana reificada. Hoje em dia finalmente os objetos transparecem claramente em sua serventia. São pois livres enquanto *objetos de função*, o que quer dizer que têm a liberdade de funcionar e (para os objetos de série) praticamente só esta.[3]

(2) Mas é preciso se perguntar se não se tornam de uma só vez dependentes, por meio deles, da sociedade global;. ver sobre este ponto: "Modelos e séries."

(3) Da mesma forma a revolução burguesa industrial liberta pouco a pouco o indivíduo do envolvimento religioso, moral, familiar; ele tem acesso a uma liberdade de direito enquanto homem, mas a uma liberdade de fato enquanto força de trabalho, quer dizer, a liberdade de se vender como tal. Não se trata aqui de uma coincidência mas sim de uma correlação profunda. O objeto "funcional" de série assim como o indivíduo social, são libertados na sua objetivação "funcional", não na sua singularidade e totalidade de objeto ou pessoa.

Ora, assim como o objeto é somente libertado em sua função, o homem reciprocamente é libertado somente como usuário deste objeto. Isto mais uma vez é um progresso mas não um momento decisivo. Uma cama é uma cama, uma cadeira uma cadeira: não há relação entre elas na medida em que servem somente ao que servem. Sem relação não há espaço, pois que o espaço unicamente existe aberto, suscitado, ritmado, alargado por uma correlação de objetos e uma superação da função desses nesta nova estrutura. O espaço é de certa maneira a liberdade real do objeto, sua função é somente a liberdade formal. A sala de jantar burguesa era estruturada, mas esta era uma estrutura fechada. O ambiente funcional é mais aberto, mais livre, todavia desestruturado, fragmentado em suas diversas funções. Entre os dois, na cesura entre espaço psicológico integrado e espaço funcional fragmentado, os objetos de série movem-se, testemunhas de um e de outro, freqüentemente dentro da moldura de um mesmo interior.

O interior modelo

Os elementos

Este espaço inencontrável, que não seria mais nem exterioridade coerção nem interioridade refúgio, esta liberdade, este "estilo" ilegível no objeto de série porquanto submetido à sua função, nós o encontramos presente nos interiores modelos. Destes se desprende uma estrutura nova e uma evolução significativa.[4]

Folheando-se luxuosas revistas como *Maison Française, Mobilier et Décoration* etc.[5], observa-se a alternância de dois temas: uma parte sublime de casas *hors concours,* velhas residências do século XVIII, *villas* miraculosamente arranjadas, jardins italianos aquecidos por infravermelho e povoados de estatuetas etruscas, enfim, o mundo do único, que pode levar apenas à contemplação sem esperança (pelo menos sociologicamente razoá-

---

(4) Portanto a um nível privilegiado. Há um problema sociológico e social no fato de que um grupo limitado tenha a liberdade concreta de se exprimir, por meio de seus objetos e móveis, como modelo aos olhos de uma sociedade inteira. Mas este problema será discutido em outra parte ("Modelos e séries").

(5) Uma revista dedicada a móveis de série é impensável: a este respeito só existem catálogos.

vel). Acham-se aí os modelos aristocráticos que subtendem do seu valor absoluto a outra parte: a da decoração de arranjo moderno. Os objetos e os móveis aqui propostos, embora de um alto *standing*, têm contudo uma incidência sociológica, não são mais criações de sonho, não-comerciais, são a própria acepção de *modelos*. Não mais estamos na arte pura, mas em um domínio que (virtualmente ao menos) interessa à toda a sociedade.

Estes modelos da vanguarda mobiliária organizam-se segundo uma oposição fundamental: ELEMENTOS/ /ASSENTOS e o imperativo prático ao qual obedecem é o do ARRANJO ou cálculo sintagmático, o qual vem a se opor, como os assentos aos elementos, o conceito geral de AMBIÊNCIA.

"TECMA: elementos extensíveis e justapostos podem transformar-se e ampliar-se; harmoniosos constituem um mobiliário de uma homogeneidade perfeita; funcionais respondem a todos os imperativos da vida moderna. Respondem a todas as exigências nossas: biblioteca, bar, rádio, armário, rouparia, secretária, baú,* cômoda, guarda-louça, vitrina, fichário, mesa dissimulável.

TECMA é feita de teca encerada ou acaju envernizado."

"OSCAR: Componha você mesmo seu ambiente OSCAR! Apaixonante, inédito! O moverama OSCAR é um jogo de elementos pré-moldados.

Descubra o prazer de compor o modelo reduzido de seu móvel, em relevo, em cores e na escala de suas mãos. Você pode criá-lo, transformá-lo em sua casa à vontade!

Tranqüilo, encomende o móvel OSCAR, original e pessoal, orgulho de seu lar!"

"MONOPOLY: Cada conjunto MONOPOLY é o melhor amigo de sua personalidade. Sistema de marcenaria de alta qualidade em teca ou makore com junções e articulações invisíveis de elementos 4 faces que permitem composições infinitamente variadas de autênti-

(*) *Bahut*: baú ou pequeno aparador de forma baixa. (N. da T.)

cas mobílias adaptadas a seu gosto, medidas e em função de suas necessidades.

Elementos monobloco policombináveis: você irá adotá-lo para criar também em sua casa aquela atmosfera refinada de seus sonhos."

Estes exemplos anunciam a superação do objeto-função por uma nova ordem prática de organização. Os valores simbólicos e os valores de uso esfumam-se por trás dos valores organizacionais. A substância e a forma dos velhos móveis são definitivamente abandonadas por um jogo de funções extremamente livre. Os objetos não são mais investidos de uma "alma" assim como não mais o investem com sua presença simbólica: a relação faz-se objetiva, é combinação e jogo. O valor que ela adota não é mais de ordem instintiva e psicológica e sim tática. São as características e as diligências de seu jogo que irão distinguir você, não o segredo da relação singular. Um confinamento fundamental cessa, paralelamente a uma sensível modificação das estruturas sociais e interpessoais.

As paredes e a luz

Os cômodos e a casa eles próprios ultrapassam a cesura tradicional da parede que fazia da casa espaços-refúgios. Os cômodos abrem-se, tudo se comunica, fragmentam-se em ângulos, em zonas difusas, em setores móveis. Liberalizam-se. As janelas não são mais aqueles orifícios estabelecidos para a irrupção do ar e da luz que vinha *do exterior* colocar-se sobre os objetos para os iluminar *"como do interior"*. Simplesmente não há mais janela e a luz, intervindo livremente, tornou-se função universal da existência das coisas. De igual modo os objetos perderam a substância que os fundava, a forma que os encerrava e por onde o homem os anexava à imagem de si: é agora o espaço que atua livremente entre eles e torna-se a função universal de suas relações e de seus "valores".

A iluminação

Na mesma ordem de evolução muitos detalhes são significativos: a tendência, por exemplo, a apagar os focos luminosos. "Uma reentrância do teto abriga ao longo do seu contorno dispositivos de néon que fornecem uma iluminação geral dissimulada." A iluminação uniforme por meio de dispositivos de néon dissimulados em diversos pontos: sob a reentrância do teto que corre em toda a extensão da leve cortina, atrás da parte superior do comprimento do móvel, sob as molduras do alto etc. Tudo se passa como se o foco de luz fosse ainda um apelo sobre a origem das coisas. Mesmo quando, do teto, não clareia mais o círculo da família, mesmo dispersa e reduzida, é ela ainda o signo de uma intimidade privilegiada, coloca um valor singular sobre as coisas, cria sombras, inventa presenças. Compreende-se que um sistema que tende ao cálculo objetivo de elementos simples e homogêneos queira apagar até este último signo de irradiação interior e envolvimento simbólico das coisas pelo olhar ou pelo desejo.

Espelhos e retratos

Outro sintoma: o desaparecimento do vidro transparente e do espelho. Deveria ser feita uma psicologia do espelho depois de tanta metafísica. O meio camponês tradicional ignora o vidro polido, talvez mesmo tenha medo dele: é um pouco mágico. O interior burguês ao contrário, e o que dele resta no mobiliário atual de série, multiplica os espelhos nas paredes, nos armários, nos carrinhos, nos *buffets,* nos painéis. Como o foco luminoso, o vidro é um local privilegiado da peça. Nesta qualidade desempenha em toda parte dentro da domesticidade fácil seu papel ideológico de redundância, de superfluidade, de reflexo: trata-se de um objeto rico em que a prática respeitosa em si mesma do indivíduo burguês descobre o privilégio de multiplicar sua aparência e de jogar com seus bens. Dizemos quase sempre que o espelho, objeto de ordem simbólica, não somente reflete os traços do indivíduo como acompanha em seu desenvolvimento o desenvolvimento histórico da consciência individual. Portanto conduz a sanção de toda uma ordem social: não é por acaso que o século de Luís XIV se resume na Galeria dos Espelhos e que, mais recentemente, a proliferação do vidro de apartamento coincide com a do farisaísmo triunfante da consciência burguesa, de Napoleão III ao *Modern Style*. Mas as coisas mudaram. No conjunto funcional, o reflexo pelo reflexo já não é corrente. O vidro polido existe ainda: toma sua exata função na lavanderia, não enquadrada. Destinado à aplicação precisa da aparência que exige o comércio social, liberta-se das graças e dos prestígios da subjetividade doméstica. Ao mesmo tempo os outros objetos, libertando-se dele, não são mais tentados a viver em circuito fechado com sua imagem. Pois o espelho limita o espaço, pressupõe a parede, remete para o centro: quanto mais vidros polidos mais gloriosa é a intimidade do cômodo, mas também mais circunscrita sobre si mesma. A tendência atual a multiplicar as aberturas e as paredes transparentes dirige-se exatamente em sentido inverso. (Além disso todos os artifícios permitidos pelo vidro vão ao encontro da exigência atual de franqueza do material.) Um certo círculo foi quebrado e é preciso reconhecer na ordem moderna uma lógica real quando elimina, ao mesmo tempo que os focos luminosos centrais ou muito visíveis, os vidros que os refletiam, isto é, ao mesmo tempo todo ponto de convergência dos raios luminosos e todo retorno ao centro, libertando o espaço deste estrabismo convergente que fazia, à imagem da consciência burguesa, a decoração recair sobre si mesma.[6]

Ainda outra coisa paralela ao espelho desapareceu: o retrato de família, a foto de casamento no quarto de dormir, o retrato do proprietário no salão, de corpo inteiro ou só o busto, o rosto das crianças emoldurado em toda parte. Tudo isto que constitui de certa forma o espelho diairônico da família desapareceu, em um certo estágio da modernidade, com os espelhos reais (cuja difusão ainda é relativamente modesta). Mesmo a obra de arte, original ou reproduzida, não entra mais como valor absoluto mas de um modo combinatório. O sucesso da gravura na decoração, de preferência ao quadro, explica-se entre outras razões pelo seu menor valor absoluto, conseqüentemente pelo seu maior valor associativo. Assim como a lâmpada ou o espelho, ne-

(6) O espelho algumas vezes volta, mas à maneira cultural barroca, como objeto segundo: espelho romântico, vidro antigo, espelho convexo. Sua função não é a mesma e será analisada mais adiante no quadro dos objetos antigos.

nhum objeto deve voltar a ser um ponto de convergência muito intenso.

O relógio e o tempo

Outra miragem desaparecida no interior moderno é a do tempo. Um objeto essencial desapareceu: o relógio ou relógio de pêndulo. Lembremo-nos que se o cômodo camponês tem por centro o fogo e a lareira, assim também o relógio constitui um elemento majestoso e vivo. No interior burguês ou pequeno-burguês surge como relógio de pêndulo, coroando freqüentemente a lareira de mármore, ela própria dominada freqüentemente pelo espelho — constituindo o todo a mais extraordinária redução simbólica da domesticidade burguesa. Pois o relógio é o equivalente no tempo do espelho no espaço. Da mesma forma que a relação com a imagem especular institui um fechamento e como que uma introjeção do espaço, assim também o relógio é paradoxalmente símbolo de permanência e de introjeção do tempo. Os relógios camponeses são um dos objetos mais procurados: é que são precisamente, porque captam o tempo sem surpresa na intimidade de um móvel, o que pode haver de mais tranqüilizador no mundo. A cronometria é angustiante quando nos determina tarefas sociais; mas é tranqüilizadora quando substantifica o tempo e o destaca como objeto consumível. Todos já experimentaram como o tique-taque de um relógio consagra a intimidade de um lugar: é que ele o torna análogo ao interior de nosso próprio corpo. O relógio é um coração mecânico que nos tranqüiliza a respeito de nosso próprio coração. É este processo de infusão, de assimilação da substância temporal, é esta presença da duração que vem a ser recusada, da mesma forma que todos os outros núcleos de involução, por uma ordem moderna que é exterioridade, espaço e relação objetiva.

A caminho de uma sociologia do arranjo ?

É todo o universo da *Stimmung* que desapareceu, aquela do perfeito acordo "natural" entre os movimentos da alma e a presença das coisas: a ambiência interiorizada (por oposição à ambiência exteriorizada dos "interiores" modernos). Hoje em dia o valor não é mais de apropriação nem de intimidade mas de informação, invenção, controle, disponibilidade contínua para com as mensagens objetivas e encontra-se no cálculo sintagmático que funda convenientemente o discurso do habitante moderno.

Foi toda a concepção da decoração que mudou. Não intervém mais agora o gosto tradicional como determinação do belo segundo as afinidades secretas. Tratava-se de um discurso poético, de uma evocação de objetos fechados que se correspondiam: hoje os objetos não se correspondem mais, comunicam: não têm mais presença singular mas, no melhor dos casos, uma coerência de conjunto feita de sua simplificação como elementos de código e do cálculo de suas relações. Segundo uma combinatória ilimitada, o homem com eles conduz seu discurso estrutural.

A publicidade valoriza em toda parte esta nova maneira de decoração: "Faca três cômodos habitáveis e coerentes em 30 m²!" "Multiplique seu apartamento por quatro!" Comumente discorre sobre o interior e o mobiliário em termos de "problema" e de "solução". Mais do que no "gosto" é aí que reside o sentido atual da decoração: não mais implantar um teatro de objetos ou criar uma atmosfera, mas resolver um problema, dar a resposta mais sutil a uma confusão de dados, mobilizar um espaço.

Ao nível dos objetos de série, a possibilidade deste discurso funcional fica reduzida. Objetos e móveis são elementos dispersos cuja sintaxe não é encontrada: se há um cálculo do arranjo, é um cálculo de penúria e os objetos mostram-se pobres em sua abstração. Tal abstração contudo é necessária pois é ela que funda, ao nível do modelo, a homogeneidade dos termos do jogo funcional. É preciso primeiro que o homem deixe de se enredar nas coisas, de as investir com sua imagem para em seguida poder, para além do hábito que delas tem, projetar sobre elas seu jogo, seu cálculo, seu discurso, e dotar este mesmo jogo de uma mensagem para os outros, e uma mensagem para si mesmo. Nesta fase o modo de existência dos objetos "ambientes" muda totalmente e *a uma sociologia do móvel sucede uma sociologia do arranjo.*[7]

A imagem e o discurso publicitários testemunham a evolução: o discurso, ao colocar diretamente em cena o indivíduo como ator e manipulador, no indicativo ou no imperativo; a imagem, ao contrário, ao omitir sua presença: é que esta presença seria de certa forma anacrônica pois o homem vem a ser a ordem que imprime às coisas e tal ordem exclui a redundância: ele simplesmente deve apagar-se diante da imagem. Sua presença se exerce. O que ele institui é um espaço e não um cenário e se a figura do proprietário era normal no cenário tradicional do qual constituía a conotação mais clara — a assinatura é, ao contrário, estranha a um espaço "funcional".

O homem do arranjo

Vemos que tipo novo de habitante se propõe como modelo: O "homem do arranjo" nem é proprietário nem simplesmente usuário e sim um informante ativo da ambiência. Dispõe do espaço como de uma estrutura de repartição e através do controle deste espaço detém todas as possibilidades de relações recíprocas e portanto a totalidade dos papéis que os objetos podem assumir. (Ele mesmo deve ser portanto "funcional", homogêneo com este espaço caso queira que as mensagens do arranjo possam partir dele e para ele voltar.) Não é nem a posse nem a satisfação e sim a responsabilidade que lhe importa no sentido próprio em que arranja a possibilidade permanente de "respostas". Sua

(7) R. Barthes descreve esta nova fase a propósito do automóvel: "... a uniformidade dos modelos parece condenar a própria idéia de desempenho técnico: a direção 'normal' torna-se então o único campo possível onde investir fantasmas de potência e de invenção. O automóvel transmite seu poder fantasmático a um certo conjunto de práticas. Já que não se pode mais *bricoler* * o próprio objeto é a direção que se vai *bricoler*... não são mais as formas e as funções do automóvel que solicitarão o sonho humano, é o seu manejo e talvez logo será preciso escrever não uma mitologia do automóvel mas sim da direção" (*Realités*, nº 213, outubro de 1963).

(*) *Bricoler*: ocupar-se com pequenos trabalhos sem importância ou de pouca duração; fazer pequenos reparos ou trabalhos de entretenimento de ordem doméstica. (Sem equivalente em português.) (N. da T.)

praxis é exterioridade completa. O habitante moderno não "consome" seus objetos. (Nesta circunstância o "gosto" não conta mais; remete-nos em seu duplo sentido a objetos fechados cuja forma contém por assim dizer uma substância "comestível" que lhes é dado interiorizar.) Ele os domina, os controla, os ordena. Encontra-se dentro da manipulação e do equilíbrio tático de um sistema.

Há neste modelo de habitante "funcional" uma abstração evidente. A publicidade nos quer fazer crer que o homem moderno no fundo não tem mais *necessidade* de seus objetos e que lhe basta operar entre eles como inteligente técnico de comunicações. Ora, o meio ambiente é um modo de existência *vivido*, ocorre pois uma grande abstração em lhe aplicar os modelos de computação e de informação tomados do domínio da técnica pura. Outrossim este jogo objetivo duplica-se em um léxico ambíguo: "conforme o seu gosto", "à sua medida", "personalização", "este será o seu ambiente", etc. que parece contradizê-la e de fato lhe serve de *alibi*. O jogo objetivo proposto ao homem do arranjo é sempre retomado pelo duplo jogo da publicidade. Contudo a própria lógica deste jogo implica na imagem de uma estratégia geral das relações humanas, de um projeto humano, de um *modus vivendi* da era tecnológica — verdadeira mudança de civilização em que os aspectos são legíveis até na vida cotidiana.

O objeto: este figurante humilde e receptivo, esta espécie de escravo psicológico e de confidente tal como foi vivido na cotidianidade tradicional e ilustrado em toda a arte ocidental até os nossos dias, tal objeto refletiu uma ordem total ligada a uma concepção bem definida do cenário e da perspectiva, da substância e da forma. Segundo esta concepção, sua forma é a demarcação absoluta entre o interior e o exterior, é continente fixo, o interior é substância. Os objetos têm assim — os móveis especialmente — além de sua função prática, uma função primordial de vaso, que pertence ao imaginário[8] e a que corresponde sua receptividade

---

(8) Contudo uma lei da dimensão parece atuar na organização simbólica: além de um certo tamanho, qualquer objeto, mesmo o fálico de uso (carro, foguete) torna-se receptáculo, vaso, útero — aquém, faz-se peniano (mesmo se for vaso ou bibelô).

psicológica. São portanto o reflexo de toda uma visão do mundo onde cada ser é concebido como um "vaso de interioridade" e as relações como correlações transcendentes das substâncias — sendo a própria casa o equivalente simbólico do corpo humano, cujo poderoso esquema orgânico se generaliza em seguida em um esquema ideal de integração das estruturas sociais. Tudo isto compõe um modo total de vida cuja ordem fundamental é a da Natureza enquanto substância original, da qual provém o valor. Na criação ou fabricação de objetos o homem se faz, pela imposição de uma forma que é cultura, transubstanciador da natureza: é a filiação das substâncias, de idade em idade, de forma em forma, que institui o esquema original de criatividade: criação *ab utero,* com toda a simbólica poética e metafórica que a acompanha.[9] Assim, sendo o sentido e o valor provenientes da transmissão hereditária das substâncias sob jurisdição da forma, o mundo é vivido como dado (é sempre assim no inconsciente e na infância), e o projeto é revelá-lo e perpetuá-lo. Também a forma ao circunscrever o objeto faz com que uma parcela da natureza fique incluída nele tal como no corpo humano: o objeto é fundamentalmente antropomórfico. O homem acha-se então ligado aos objetos ambientes pela mesma intimidade visceral (guardadas as devidas proporções) que aos órgãos do próprio corpo e a "característica" do objeto tende sempre virtualmente à recuperação desta substância por anexação oral e "assimilação".

O que entrevemos hoje nos interiores modernos é o fim desta ordem da Natureza, é, através da ruptura da forma, da anulação do limite formal interior-exterior e de toda a complexa dialética do ser e da aparência que a isto se ligava, uma qualidade nova de relação e de responsabilidade objetiva. O projeto vivido de uma sociedade técnica é o questionamento da própria idéia de Gênese, é a omissão das origens, do sentido dado e das "essências" cujos símbolos concretos foram os bons velhos móveis: é uma computação e uma conceituliza-

(9) A produção intelectual e artística sob seu aspecto tradicional de dom, inspiração e gênio nunca foi senão o equivalente.

ção práticas sobre a base de uma abstração total, a idéia de um mundo não mais dado, mas produzido: dominado, manipulado, inventariado e controlado: *adquirido*.[10]

Esta ordem moderna, especificamente diferente da ordem tradicional de procriação, depende todavia também de uma ordem simbólica fundamental. Se a civilização anterior, baseada na ordem natural das substâncias, pode ser incorporada a estruturas orais, é preciso ver na ordem moderna de produção, de cálculo e de funcionalidade, uma ordem fálica, ligada à empresa de superação, de transformação do dado, de emergência para estruturas objetivas — mas também uma ordem da fecalidade, fundada sobre a abstração, a quintessência que visa informar uma matéria homogênea, sobre o cálculo e a partição da matéria, sobre toda uma agressividade anal sublimada no jogo, no discurso, na ordem, na classificação, na distribuição.

A organização das coisas, mesmo quando se tem por objetiva na empresa tecnológica, é sempre ao mesmo tempo um registro poderoso de projeção e de bloqueio. A melhor prova disso acha-se na obsessão que aflora freqüentemente atrás do projeto organizacional e, no nosso caso, atrás da vontade de arranjo: é preciso que tudo comunique, que tudo seja funcional — não mais segredos nem mistérios, tudo se organiza, portanto tudo é claro. Não se trata aqui da obsessão doméstica tradicional: cada coisa no seu lugar e que tudo esteja limpo. Aquela era moral, a de hoje é funcional. Ela se explica se for relacionada à função de fecalidade que requer absoluta condutibilidade dos órgãos interiores. Existiriam aí as bases de uma caracterologia da civilização tecnológica: se a hipocondria é a obsessão pela circulação das substâncias e pela funcionalidade dos órgãos primários, poder-se-ia de certo modo qualificar o homem moderno, o cibernético, como hipocondríaco cerebral, obcecado pela circulação absoluta das mensagens.

(10) Este modelo de *praxis* aliás só aparece claramente a um alto nível tecnológico ou então ao nível de objetos cotidianos muito evoluídos: gravadores, carros, eletrodomésticos, onde a relação de domínio e de distribuição é indicada nos mostradores, painéis de bordo, botões de comando, etc. De resto a cotidianidade é ainda amplamente regida por uma *praxis* tradicional.

2. AS ESTRUTURAS DE AMBIÊNCIA

O arranjo, que resume o aspecto organizacional do meio ambiente, não esgota todavia o sistema do interior moderno, que se baseia numa oposição: a do ARRANJO e da AMBIÊNCIA. Ao imperativo técnico de arranjo vem sempre juntar-se no discurso publicitário o imperativo cultural da ambiência. Ambos estruturam uma mesma prática, constituem os dois aspectos de um mesmo sistema *funcional*. Em ambos se exercem os valores do jogo e do cálculo: cálculo das funções para o arranjo, cálculo das cores, dos materiais, das formas, do espaço para a ambiência.[1]

(1) O arranjo como tratamento do espaço torna-se de resto também ele elemento de ambiência.

Os valores de ambiência: A cor

A cor tradicional

Tradicionalmente a cor é carregada de alusões psicológicas e morais. *Amamos* determinada cor, temos *nossa* cor. Ou ela é imposta: pelo evento, pela cerimônia, pelo papel social, ou então é o apanágio de uma matéria: madeira, couro, tecido, papel. Sobretudo permanece circunscrita pela forma, não procura as outras cores, não é um valor livre. A tradição submete a cor à significação interna e ao fechamento das linhas. Mesmo no cerimonial mais livre da moda a cor toma amplamente seu sentido fora de si mesma: é metáfora de significações culturais postas em índice. No nível mais pobre a simbólica das cores se perde no psicológico: o vermelho passional, agressivo, o azul signo de serenidade, o amarelo otimista etc.; a linguagem das cores une-se então à das flores, dos sonhos, dos signos do Zodíaco.

Este estágio tradicional é o da cor negada como tal, recusada como valor pleno. O interior burguês a reduz, no mais das vezes aliás, à sobriedade dos "matizes" e das "nuanças". Cinzento, malva, grená, bege, todos estes matizes transpostos aos veludos, lãs, cetins, à profusão dos tecidos, cortinas, tapetes, tapeçarias, assim como às substâncias pesadas e às formas "de estilo": há aí uma recusa moral da cor como do espaço. Da cor sobretudo: espetacular demais, ela constitui uma ameaça à interioridade. O mundo das cores opõe-se ao dos valores e o elegante é ainda o esmaecimento das aparências em benefício do ser[2]: negro, branco, cinzento, grau zero da cor — é também o paradigma da dignidade, recalque e do *standing* moral.

A cor "natural"

Fortemente incriminada, a cor só fará sua libertação muito tarde: os automóveis e as máquinas de escrever terão que varar gerações para poderem deixar de ser negras, as geladeiras e os lavatórios mais tempo

---

[2] As cores "berrantes" o concernem. Coloque um traje vermelho, você fica mais do que nu, torna-se um objeto puro, sem interioridade. É em relação ao *status* social de objeto da mulher que o traje feminino pende particularmente para as cores vivas.

ainda para deixarem de ser brancos. Será a pintura que libertará a cor mas será preciso muito tempo para que o efeito se faça sentir no cotidiano: poltronas vermelho vivo, divãs azul-celeste, mesas pretas, cozinhas policrômicas, salas de estar em dois ou três tons, paredes contrastantes, fachadas azuis ou rosas, sem falar das roupas de baixo malvas e pretas: tal libertação surge fortemente ligada à ruptura de uma ordem global. É ela aliás contemporânea da libertação do objeto funcional (aparição de matérias sintéticas, polimorfas, e de objetos não-tradicionais: polifuncionais). Mas não ocorre sem problemas: por se afirmar como tal, a cor é logo tida como agressiva: os modelos a repudiam e retornam de bom grado à interioridade dos matizes discretos, no vestuário e no mobiliário. Há uma espécie de obscenidade da cor que a modernidade, após havê-la exaltado da mesma maneira que a explosão das formas, parece apreender da mesma maneira que a funcionalidade pura. Em parte alguma o trabalho deve se deixar ver, em parte alguma deve irromper o instinto: a omissão dos contrastes e o retorno ao "natural" das cores por oposição à sua "artificialidade" violenta reflete este compromisso ao nível dos modelos. Pelo contrário, ao nível da série, a cor viva é sempre vivida como sinal de emancipação: de fato ela compensa freqüentemente a ausência de qualidades mais fundamentais (em particular a falta de espaço). A discriminação é clara: ligadas ao domínio primário, aos objetos funcionais e às matérias sintéticas, as cores vivas, "vulgares", predominarão nos interiores de série. Participam assim da mesma ambigüidade que o objeto funcional: após terem representado algo semelhante a uma libertação, tornam-se ambos os signos-ciladas, *alibis* através dos quais é dado ver uma liberdade que não pode ser vivida.

Aliás — aí está seu paradoxo — estas cores francas, "naturais", não o são realmente: constituem apenas um apelo impossível ao estado de natureza e daí sua agressividade, sua ingenuidade — daí seu pronto refúgio em uma ordem que, por não ser mais a ordem moral tradicional da recusa da cor, não deixa por isso de ser uma ordem puritana de compromisso com a natureza: *a ordem do pastel.* O reinado do pastel. Roupas, carros, lavandenas, aparelhos eletrodomésticos, materias plásticas, em parte alguma, para dizer a verdade, é a cor "franca" que reina, tal como fora libertada pela pintura como força viva, é a cor em tom pastel, que pretende ser cor viva mas não é mais que o signo moralizado.

Contudo os dois compromissos: a fuga para o preto e branco, e a fuga para o pastel, se exprimem no fundo a mesma negação da cor pura como expressão direta do impulso, não o fazem segundo o mesmo sistema. O primeiro sistematiza-se em um paradigma preto/branco de ordem nitidamente moral e antinatural, o outro em um registro maior, fundado *não mais sobre a antinatureza, mas sobre a naturalidade*. Os dois sistemas não têm mais a mesma função. O negro (o cinzento) ainda hoje tem valor de distinção, de cultura, oposto a toda a gama de cores vulgares.[3] O branco ainda domina amplamente no setor "orgânico" Banheiros, cozinhas, lençóis, roupas íntimas, tudo o que pertence ao prolongamento imediato do corpo é consagrado há várias gerações ao branco, esta cor cirúrgica, virginal, que opera o corpo de sua perigosa intimidade consigo mesmo e encobre os impulsos. É também no setor imperativo da propriedade e dos trabalhos primários que as matérias sintéticas, o metal leve, a fórmica, o nylon, o plastiflex, o alumínio etc. tomaram maior impulso e se impuseram. Certamente a leveza, a eficácia prática destas matérias têm no caso muita importância. Mas esta facilidade mesma somente alivia o trabalho pois contribui para desinvestir como valor todo este setor primário. As formas simplificadas, fluidas, de nossos refrigeradores ou de outros aparelhos, sua forma mais leve, plástica ou artificial, são igualmente como que uma "brancura", um grau não assinalado da presença de tais objetos, que anuncia a omissão profunda, na consciência, da responsabilidade que a eles se liga e das funções nunca inocentes do corpo. Pouco a pouco a cor faz sua aparição também aqui: mas as resistências são profundas. De qualquer forma, fossem

(3) Entretanto muitas séries de carros já não se fazem de modo algum em preto; exceto para o luto ou o cerimonial oficial, a civilização americana praticamente não conhece mais o negro (a não ser para o reinstaurar como valor combinatório.)

as cozinhas azuis ou amarelas, os banheiros rosa (ou negros: o negro "esnobe" em relação ao branco "moral"), podemos nos perguntar a que natureza tais cores aludem. Então mesmo que elas não tendam para o pastel, conotam uma certa natureza que tem sua história e que vem a ser a dos lazeres e das férias.

Não é a natureza "verdadeira" que transfigura a ambiência cotidiana e sim as férias, este simulacro natural, este avesso da cotidianidade que vive, não de natureza, mas da *Idéia de Natureza,* são as férias que funcionam como modelos e delegam suas cores para o domínio cotidiano primário. Foi aliás no *ersatz* (sucedâneo) do meio ambiente natural das férias (acampamento, tendas, acessórios), vivido como modelo e campo de liberdade, que primeiro se afirmou a tendência à cor viva, à plasticidade, à praticidade efêmera dos aparelhos etc. Tendo-se começado por transplantar seu domicílio para a Natureza, termina-se por implantar a domicílio os valores do lazer e a idéia de natureza. Há aí como que uma fuga dos objetos para o lazer: liberdade e irresponsabilidade inscrevem-se a um só tempo na cor e no caráter transitivo e insignificante da matéria e das formas.

A cor "funcional"

Assim, após breves episódios de libertação violenta (na arte sobretudo e bastante timidamente no cotidiano, exceto na publicidade e no setor comercial onde atua a fundo o caráter prostituível da cor), a cor liberta é imediatamente retomada por um sistema *em que a natureza entra somente como naturalidade,* como conotação de natureza, atrás da qual os valores do instinto continuam a ser sutilmente negados. Todavia, a própria abstração dessas cores "livres" faz com que se achem, enfim, livres para o jogo: é para essa terceira fase que se vê hoje em dia orientar-se a cor ao nível dos modelos, — fase que é a da cor como valor de ambiência. Já existe claramente a prefiguração de um tal jogo de "ambiência" nas cores do lazer, mas referem-se ainda muito a um sistema vivido (as férias, a cotidianidade primária), sofrem ainda constrangimentos externos. Ao passo que no sistema de ambiência as cores obedecem somente a seu próprio jogo, desligam-se de qualquer coerção, de qualquer moral, de qualquer natureza e respondem somente a um imperativo: o cálculo de ambiência.

Na verdade, não estamos mais lidando exatamente com cores e sim com valores mais abstratos: o tom, a tonalidade. Combinação, harmonização, contrastes de tonalidades constituem o verdadeiro problema da ambiência em matéria de cor. O azul pode associar-se ao verde (todas as cores são combináveis), mas somente certos azuis a certos verdes e já não se trata pois de uma questão de azul ou verde, e sim de uma *questão de quente ou frio*. Simultaneamente a cor não é mais aquilo que sublinha cada objeto e o isola na decoração, as cores são praias opostas, cada vez menos valorizadas na sua qualidade sensível, dissociadas freqüentemente da forma e são suas diferenças de tom que vão "ritmar" uma peça. Da mesma maneira que os móveis modulados perdem sua função específica pelo fato de valerem apenas por sua posição móvel, assim também as cores perdem seu valor singular e tornam-se obrigatoriamente dependentes umas das outras e do conjunto: o que se depreende ao dizer que são "funcionais".

— "A estrutura dos assentos foi pintada no mesmo tom que o das paredes enquanto que o do forro é reencontrado nos estofados. Harmonia nos tons frios, branco gelo e azul, mas alguns sinais anunciam a contrapartida quente; a moldura dourada do espelho Luís XVI, a madeira clara da mesa, o assoalho e os tapetes sublinhados de vermelho vivo... O vermelho estabelece como que uma cadeia ascendente: vermelho do tapete, vermelho do assento, vermelho da almofada, que se opõe à cadeia descendente dos azuis: tapeçarias, canapés, assentos." (Betty Pepys, *Le Guide pratique de la décoration,* p. 163.)

— "Fundo neutro branco fosco cortado por grandes superfícies azuis (no teto). Este branco e este azul reencontram-se no arranjo decorativo: mesa de mármore branco, parede tela... Um toque quente: as portas vermelho-vivo do móvel baixo de arranjo. De fato encontramo-nos em um volume tratado com cores francas desprovido de tons matizados ou suaves (toda a suavidade refugiou-se no quadro à esquerda) mas equilibrado por grandes zonas brancas" (p. 179), etc. "O pequeno jardim tropical interno é ritmado e protegido ao mesmo tempo por uma laje de vidro negro esmaltado". (Notamos que o preto e o branco não têm aqui mais nada de seu valor tradicional, escapam da oposição branco/negro para assumir um valor tático na extensa gama de todas as cores.) Se considerarmos de outro lado este conselho: "Escolha tal cor porque sua parede é grande ou pequena, cortada por esta ou aquela quantidade de portas, porque seus móveis são antigos ou modernos, talhados em madeira de espécies européias ou exóticas, ou ainda por outras razões bastante precisas..." (p. 191), evidencia-se que esta terceira fase é exatamente a de uma objetividade da cor: ela é a rigor apenas um dado mais ou menos complexo entre outros, um elemento de solução. Ainda uma vez é nisto que ela se faz "funcional", ou seja, que é reconduzida a um conceito abstrato de cálculo.

O quente e o frio

A "ambiência" repousa, em matéria de cores, sobre o equilíbrio calculado de tons quentes e frios. Oposição significativa fundamental. Contribui ela com algumas outras: elementos/assentos[4], arranjo/ambiência, para dar ao sistema discursivo do mobiliário uma grande coerência, transformando-o desse modo numa categoria diretriz do sistema global dos objetos. (Veremos que esta coerência talvez seja somente a de um discurso manifesto sob o qual um latente discurso conduz sem cessar suas contradições.) Voltando a falar sobre o calor dos tons quentes, este não é certamente mais um calor de confiança, de intimidade, de afeição, calor orgânico emanado das cores e das substâncias. Tal calor tinha sua densidade própria e não requeria tons frios que se lhe opusessem significativamente. Hoje, ao invés, é preciso tons quentes *e* tons frios para jogar em cada conjunto interferindo na estrutura e na forma. Quando lemos "O calor dos materiais dá intimidade a este escritório bem organizado" ou ainda "Portas de palissandra do Brasil em óleo fosco cortado

(4) Ver mais adiante.

por maçanetas de metal cromado... Assentos recobertos de um *skai* tabaco bem combinados com este conjunto severo e quente", vemos por toda parte se opor ao calor qualquer coisa como o rigor, a organização, a estrutura, e cada "valor" é de contraste entre os dois termos. O calor "funcional" não se desliga mais de uma substância calorosa, nem da proximidade harmoniosa de certos objetos, nasce da alternância sistemática, da sincronia abstrata do contínuo "quente-e-frio" sendo o "caloroso" continuamente adiado. É um calor *significado* e que por isso mesmo não se realiza jamais. O que caracteriza este calor é a ausência de qualquer foco.

Os valores de ambiência: O material

Madeira natural, madeira cultural

A mesma análise vale para o material. A madeira por exemplo, tão procurada hoje por nostalgia afetiva uma vez que tira sua substância da terra, vive, respira, "trabalha". Tem seu calor latente, reflete simplesmente como o vidro, queima pelo interior; conserva o tempo em suas fibras, é o continente ideal já que todo conteúdo é algo que se quer subtrair ao tempo. A madeira tem o seu odor, envelhece, tem mesmo seus parasitas, etc. Enfim, este material é um ser. Tal é a imagem do "carvalho maciço" que vive em cada um de nós, evocador de sucessivas gerações, de móveis pesados e de moradas de família. Ora, o "calor" desta madeira (assim como da pedra de cantaria, do couro natural, do linho cru, do cobre batido, etc., de todos estes elementos de um sonho material e maternal que alimentam hoje uma nostalgia de luxo), conserva hoje o seu sentido?

Em nossos dias, todos os processos orgânicos ou naturais praticamente encontraram o seu equivalente funcional em substâncias plásticas e polimorfas [5]: lã, al-

---

(5) Realização ao menos parcial do mito substancialista que, a partir do século XVI, se inscrevia no estuque e na demiurgia "mundana" do barroco: moldar o mundo inteiro em uma matéria inteiramente feita. Tal mito substancialista é um dos aspectos do mito funcionalista sobre o qual falamos em outra parte: vem a ser o equivalente no plano

godão, seda ou linho encontraram seu substituto universal no nylon ou em suas inumeráveis variações. Madeira, pedra, metal cedem lugar ao concreto, à fórmica e ao poliestireno. Não está em causa renegar esta evolução e sonhar idealisticamente com a substância viva e humana dos objetos de outrora. A oposição substâncias naturais/substâncias sintéticas, exatamente como a oposição cor tradicional/cor viva, é simplesmente uma oposição moral. Objetivamente as substâncias são o que são: não existem verdadeiras ou falsas, naturais ou artificiais. Por que o concreto seria menos "autêntico" que a pedra? Sentimos matérias sintéticas antigas como o papel como se fossem inteiramente naturais, sendo o vidro uma das mais ricas. No fundo a nobreza hereditária da matéria existe somente por uma ideologia cultural análoga à do mito aristocrático na hierarquia humana, e mesmo este preconceito cultural declina com o tempo.

O importante é ver, fora das perspectivas imensas que estas matérias novas abriram à prática, em que modificaram o "sentido" dos materiais.

Da mesma forma que a passagem às tonalidades (quentes, frias ou intermediárias) significa para as cores um desprendimento de seu estatuto moral e simbólico rumo a uma abstração que torna possível a sistemática e o jogo, assim também a fabricação sintética significa para o material um desprendimento de seu simbolismo natural em direção a um polimorfismo, grau de abstração superior onde se torna possível um jogo de associação universal de matérias e pois uma superação da oposição formal matérias naturais/matérias artificiais: não há mais diferença "de natureza" hoje entre a parede de termovidro e a de madeira, o concreto bruto e o couro; valores "quentes" ou valores "frios" são todos, de igual forma, materiais-elementos. Tais materiais, em si discordantes, são homogêneos como signos culturais e podem se instituir num sistema

<small>da substância do automatismo no plano das funções: a máquina de todas as máquinas suprirá todos os gestos humanos: irá instaurar um universo de síntese. Contudo, o sonho "substancial" é o aspecto mais primitivo, o mais regressivo do mito: é a alquimia transubstancialista, fase anterior à época mecanicista.</small>

coerente. Sua abstração permite que sejam combinados à vontade.[6]

A lógica da ambiência

Cores, substâncias, volumes, espaço, este "discurso ambiental" afeta ao mesmo tempo todos os elementos num amplo remanejamento sistemático: porque os móveis tornaram-se elementos mutáveis em um espaço descentralizado, porque possuem uma estrutura mais leve de encaixe e de compensado é que requerem ao mesmo tempo madeiras mais "abstratas": teca, acaju, palissandra ou madeira escandinava.[7] E acontece que a cor de tais madeiras não é também mais aquela tradicional da madeira mas surge em variantes mais claras, mais escuras, freqüentemente envernizadas, laqueadas ou voluntariamente "ásperas", pouco importa: a cor como o material são abstratos e, como o resto, objeto de uma manipulação mental. Todo o meio ambiente moderno passa assim em bloco ao nível de um sistema de signos: a AMBIÊNCIA, que não resulta mais do tratamento particular de cada um dos elementos. Nem de sua beleza nem de sua fealdade. Isto fora válido para o sistema incoerente e subjetivo dos gostos e das cores a respeito do qual "não se discute". No sistema coerente atual é ao nível das coerções da abstração e da associação que se situa o êxito de um conjunto. Goste ou não da teca, é preciso admitir que há coerência desta madeira na organização por elementos, coerência da tinta da teca na superfície plana, conseqüentemente também de um certo "ritmo" do espaço etc., e que nisto reside a lei do sistema. Não existe objeto velho, móvel rústico de "madeira maciça", bibelô pre-

(6) Nisto reside a diferença radical entre o "carvalho maciço" tradicional e a madeira de teca: não é a origem, exotismo ou o preço que distinguem essencialmente esta última, é o seu uso para fins de ambiência que faz com que não seja mais precisamente uma substância natural primária, densa e dotada de calor, mas *antes um simples signo cultural deste calor*, e reintegrado na qualidade de signo, como tantas outras matérias "nobres", no sistema do interior moderno. Não mais madeira-matéria, mas madeira-elemento. Não mais qualidade de presença, mas valor de ambiência.

(7) Certamente madeiras tecnicamente melhor adaptadas para o compensado e o encaixe que o carvalho. É preciso dizer também que o exotismo desempenha aqui o mesmo papel que o conceito de férias nas cores vivas: um mito de evasão natural. Mas no fundo o essencial é que por causa de tudo isto tais madeiras venham a ser madeiras 'segundas", que carregam consigo uma abstração cultural e podem assim obedecer à lógica do sistema.

cioso ou artesanal — que não participe do jogo e não testemunhe a ilimitada possibilidade de integração abstrata. Sua proliferação atual não é uma contradição do sistema.[8] Entram nele exatamente como as matérias e as cores mais "modernas", a título de elementos ambientais. Só um julgamento tradicional e no fundo ingênuo pode achar incoerente o encontro, sobre um aparador revestido de teca, de um cubo futurista de metal não polido e a madeira gasta de uma estátua do século VI. *É que naturalmente a coerência não é mais a de uma unidade de gosto e sim a de um sistema cultural de signos.* Mesmo uma peça "provençal", mesmo um salão Luís XVI autêntico testemunham somente a vã nostalgia de escapar ao sistema cultural contemporâneo; ambos se acham tão longe do "estilo" que se reclamam de qualquer mesa de fórmica ou cadeira em skai e ferro preto. A viga no teto é tão abstrata quanto o cano cromado ou a parede de Emauglas. O que o nostálgico toma por totalidade autêntica do objeto é simplesmente variante combinatória, aquilo que assinala a linguagem ao falar neste caso de "conjunto" rústico ou de estilo. O termo "conjunto" correlativo de "ambiência" reintroduz todo elemento possível, qualquer que seja a subjetividade investida, na lógica do sistema. Que tal sistema seja afetado ao mesmo tempo por conotações ideológicas e por motivações latentes é incontestável e voltaremos ao assunto. Mas que a lógica — aquela de uma combinatória de signos — seja irreversível e ilimitada é inegável. Nenhum objeto pode subtrair-se a ela assim como nenhum produto escapa à lógica formal da mercadoria.

Um material modelo: o vidro

Um material resume este conceito de ambiência em que se pode ver como que uma função moderna universal do meio ambiente: o VIDRO. Este é, segundo a publicidade, o "material do futuro", que será "transparente" como todos sabem: o vidro é pois ao mesmo tempo o material e o ideal a ser atingido, o fim

---

(8) Assinala contudo um enfraquecimento do sistema, todavia integrado. Sobre este ponto, cf. mais adiante: "O objeto antigo".

e o meio. Isto para a metafísica. Aspecto psicológico (no seu uso a um só tempo prático e imaginário): é o recipiente moderno ideal: "não toma gosto", não evolui com o tempo em função do conteúdo (como a madeira ou o metal) e não faz mistério deste conteúdo. Põe fim a qualquer confusão e não é condutor do calor. No fundo não é um recipiente, é um isolante, é o milagre de um fluido fixo, portanto de um conteúdo que contém e funda desta forma a transparência de um e de outro: superação em que vimos residir o primeiro imperativo da ambiência. De outro lado há no vidro a um só tempo a simbólica de um estado segundo e a de um grau zero do material. Simbólica do congelamento, logo da abstração. Tal abstração introduz à do mundo interior: esfera de cristal da loucura, àquela do porvir: bola de cristal da vidência — àquela do mundo da natureza: pelo microscópio e pelo telescópio o olho tem acesso aos mundos diferentes. De outro lado, indestrutível, imputrescível, incolor, inodoro, etc., o vidro é bem uma espécie de grau zero da matéria. Já reconhecemos esse valor de jogo e de cálculo ligados à abstração no sistema da ambiência. Mas o vidro principalmente materializa de forma extrema a ambigüidade fundamental da ambiência: a de ser a um só tempo proximidade e distância, intimidade e recusa da intimidade, comunicação e não-comunicação. Embalagem, janela ou parede, o vidro funda uma transparência sem transição: vê-se, mas não se pode tocar. A comunicação é universal e abstrata. Uma vitrina é encantamento e frustração, a própria estratégia da publicidade. A transparência dos produtos comestíveis em frasco: satisfação formal, conluio visual mas no fundo relação de exclusão. O vidro, tal e qual a ambiência, deixa transparecer apenas o signo de seu conteúdo e interpõe-se, na sua transparência, exatamente como o sistema da ambiência na sua coerência abstrata, entre a materialidade das coisas e a materialidade das necessidades. Sem contar a virtude essencial que vem a ser moral: sua pureza, sua lealdade, sua objetividade, a imensa conotação higiênica e profilática que faz dele verdadeiramente o material do porvir, um porvir de recusa do próprio corpo e das funções primárias e orgânicas em benefício de uma objetividade radiosa e funcional de que a higiene é, para o corpo, a versão moral.

— "Viva num jardim em intimidade com a natureza, experimentando totalmente o encanto de cada estação sem renunciar ao conforto de um interior moderno — esta nova versão do paraíso terrestre é o privilégio das casas amplamente envidraçadas."

— "Os tijolos e tacos de vidro engastados no concreto permitem construir paredes, divisões, abóbadas e tetos translúcidos, tão sólidos como se fossem de pedra. Tais "transparedes" deixam-se atravessar pela luz que desta forma circula livremente por toda a casa. Mas elas embaralham as imagens e protegem assim a intimidade de cada cômodo."

Vê-se que a simbólica eterna da "casa de vidro" acha-se sempre presente, mas perde o ar sublime com a modernidade. *Os encantos da transparência cederam lugar àqueles da ambiência* (como para o espelho). O vidro oferece possibilidades de comunicação acelerada entre o interior e o exterior mas simultaneamente institui uma cesura invisível e material que impede a esta comunicação tornar-se uma abertura real para o mundo. Realmente as "casas de vidro" modernas não são abertas para o exterior: é o mundo exterior, a natureza, a paisagem ao contrário que vêm, graças ao vidro e à abstração do vidro, transparecer na intimidade, no domínio privado e aí "atuar livremente" a título de elemento de ambiência. O mundo inteiro reintegrado no universo doméstico como espetáculo[9].

(9) A ambigüidade do vidro ressalta claramente quando se passa do *habitat* ao consumo e ao acondicionamento, onde seu uso se amplia todos os dias. Nesta circunstância o vidro possui todas as virtudes: defende o produto contra o contágio, deixa passar somente o olhar. "Guardar bem e deixar visível": esta a definição ideal do acondicionamento. Preparado para todas as moldagens, o vidro outorga suas ilimitadas possibilidades à estética. "Vestirá" amanhã os legumes e as frutas que, graças a ele, conservarão o frescor da aurora. Envolverá com sua transparência nosso bife cotidiano. Invisível e presente em toda a parte, responderá à definição de uma vida mais bela e mais clara. Além do mais, qualquer que seja seu destino não pode jamais ser detrito, pois não tem odor. É um material "nobre". Todavia, o consumidor é obrigado a jogá-lo fora após o uso, "nem depósito, nem devolução". O vidro adorna com seu prestígio "indestrutível" a compra, mas deve ser destruído imediatamente. Há contradição? Não: o vidro desempenha sempre bem o seu papel de elemento de ambiência, mas tal ambiência toma aqui seu sentido econômico preciso: o do acondicionamento. O vidro faz vender, é funcional, mas deve também ser consumido e em ritmo acelerado. A funcionalidade psicológica do vidro (sua transparência, sua pureza) é inteiramente revista e imersa na funcionalidade econômica. O sublime atua como motivação de compra.

O homem de relação e de ambiência

A análise das cores e os materiais nos conduz agora a algumas conclusões. A alternância sistemática do quente e do frio define no fundo o próprio conceito de "ambiência" que *sempre é a um só tempo calor e distância*.

O interior de "ambiência" é feito para que atue entre os seres a mesma alternância calor/não-calor, intimidade-distância, existente entre os objetos que o compõem. Amigo ou parente, família ou cliente, uma certa relação é sempre obrigatória, mas deve permanecer móvel e "funcional": isto é, que a qualquer momento seja possível mas que a sua subjetividade seja determinada: os diversos tipos de relações devem poder permutar livremente. Tal é a relação funcional de onde o desejo acha-se (teoricamente) ausente: acha-se desmobilizado em proveito de uma ambiência.[10] Aí começa a ambigüidade.[11]

Os assentos

Sobre esta ambigüidade fazem-se testemunhas os objetos que melhor indicam a relação de ambiência: os assentos, que vemos alternarem-se constantemente, no sistema do mobiliário contemporâneo, com os elementos. Estes dois termos na sua oposição concretizam aquela dos dois conceitos maiores de arranjo e de ambiência (contudo não são seus suportes exclusivos).

A função menor dos inúmeros assentos que ocupam as revistas de mobiliário e de decoração é sem dúvida a de permitir que as pessoas se sentem. Sentem-se para descansar, sentem-se à mesa para comer. A cadeira não mais gravita ao redor da mesa. Hoje é o assento que adquire seu sentido próprio, ao qual se subordinam as mesas baixas. Ora, este sentido não é mais de postura

(10) A própria sexualidade em sua concepção moderna reúne este tipo de relação: diferente da sensualidade que é calorosa e instintual, a sexualidade é QUENTE E FRIA: é deste modo que ela se torna, no lugar de paixão, puro e simples valor de ambiência. Mas também assim é que se torna discurso em vez de se perder em efusão.

(11) No sistema dos objetos como em qualquer sistema vivido, as grandes oposições estruturais realmente são sempre outra coisa além disso: o que é oposição estrutural ao nível do sistema pode ser racionalização coerente de um conflito.

corporal, de posição recíproca dos interlocutores. Por exemplo, a disposição geral dos assentos e a troca sutil das posições ao longo de uma reunião, constituem por si só um discurso. Os assentos modernos (do pufe ao canapé, do sofá à poltrona de descanso) acentuam em toda parte a sociabilidade e a interlocução: longe de denunciar a posição estabelecida no que esta possa ter de específico durante o confronto, favorecem uma espécie de posição universal do ser social moderno. Nada de leitos para se estar deitado, ou cadeiras para se estar sentado [12], mas assentos "funcionais" que fazem de todas as posições (e portanto de todas as relações humanas) uma síntese livre. Qualquer moralismo é daí excluído: você já não se encontra defronte de ninguém. Impossível encolerizar-se, impossível debater ou procurar convencer. Condicionam eles uma sociabilidade abrandada, sem exigência, aberta, próxima ao jogo. Do fundo desses assentos você não tem mais que sustentar o olhar de outrem nem fixar o seu sobre ele: são feitos de tal modo que os olhares sentem-se justificados em simplesmente passear sobre os outros indivíduos, o ângulo e a profundidade do assento reconduzindo "naturalmente" tais olhares a uma altura média, a uma altitude difusa onde são reunidos pelas palavras. Os assentos talvez respondam a uma preocupação fundamental: não se estar jamais só, mas nunca mais face a face. Descontração do corpo mas sobretudo retirada do olhar, dimensão perigosa. A sociedade moderna, ao desembaraçar-se amplamente da promiscuidade das funções primárias, denuncia a promiscuidade dos olhares e sua dimensão trágica. Por isso, assim como as exigências primárias são veladas, é feito tudo para subtrair-se à socialidade o que ela poderia ter de abrupto, de contraditório, e no fundo de obsceno, que vem a ser o jogo direto da agressividade e do desejo por meio do olhar.

O binômio elementos/assentos oferece-nos pois um sistema completo: pelos elementos, o homem moderno realiza seu discurso organizacional, do fundo de seus

---

(12) Sós, diante da mesa em que se come, as cadeiras tornam-se retas e tomam uma conotação camponesa: mas trata-se aí de um processo cultural reflexo.

assentos persegue seu discurso relacional.[13] Assim, "o homem do arranjo" duplica-se ainda no "homem da relação e da ambiência" — o conjunto vindo a constituir o homem "funcional".

Culturalidade e censura

Não somente para os assentos, mas para todos os objetos, a culturalidade é hoje tão impositiva quanto o cálculo. Outrora os móveis confessavam sua função. A função nutriente e fundamental da casa se lia sem rodeios nas mesas e nos *buffets,* pesados, ventrudos, sobressignificando maternalmente. Quando sua função era tabu eclipsavam-se de forma absoluta como a cama na alcova. Mesmo agora a cama de meio assinala a conjugalidade burguesa (não evidentemente a sexualidade). Hoje em dia não há mais cama; tornou-se assento, divã, canapé, banqueta, ou então desapareceu embutido, não mais por interdição moral mas sim por abstração lógica.[14] A mesa faz-se baixa, cai fora do centro, não pesa mais. A cozinha inteira perde a função culinária e torna-se laboratório funcional. E isto constitui um progresso já que o meio ambiente tradicional na sua franqueza era também o da obsessão moral e da dificuldade material em viver. Somos mais livres nos interiores modernos. Mas isto se duplica num formalismo mais sutil e numa nova moral: tudo signi-

(13) Ou simplesmente passivo: pois não esqueçamos que, na publicidade mobiliária, o imperativo ativo do arranjo perde de longe para a sugestão passiva de relaxamento. A ambiência também aí é ambígua, conceito ativo e passivo. O homem funcional acha-se antecipadamente fatigado. E os milhares de assentos de couro ou de Dunlopillo, cada qual mais profundo que o outro, que, com suas virtudes modernas de ambiência e de relaxamento, freqüentam as páginas das revistas de luxo são como um imenso convite da civilização futura para a solução das tensões e para a euforia apaziguada do sétimo dia. Toda a ideologia desta civilização, a um só tempo longínqua e iminente nos modelos, é encontrada nessas imagens de uma modernidade tão idílica quanto as pastorais antigas em que o habitante contempla sua ambiência do fundo fofo da cadeira. Tendo resolvido suas paixões, suas funções, suas contradições e possuindo somente relações, um sistema de relações em que reencontra a estrutura de um sistema de objetos, tendo feito nascer o espaço em torno de si e "criado" as múltiplas possibilidades de integração dos elementos no conjunto do cômodo assim como de si mesmo no conjunto social, tendo então reconstituído um mundo inocentado de pulsões e de funções sociais, mas pesado de conotações sociais de cálculo e de prestígio, nosso habitante moderno, fatigado ao termo deste esforço, afagará seu tédio no vazio oco de um assento que esposará as formas de seu corpo.

(14) Salvo ao ser reintroduzido sob uma tal conotação cultural que sua obscenidade resoluta circuncidada: o velho leito de centro, século XVIII, espanhol (A respeito ver mais adiante: "O objeto antigo").

fica a transição obrigatória do comer, dormir, procriar, para o fumar, beber, receber, discorrer, olhar e ler. As funções viscerais apagam-se diante das funções culturalizadas. O aparador continha a roupa branca, a baixela, o alimento, já os elementos funcionais são dedicados aos livros, aos bibelôs, ao bar, ao espaço vazio. O termo "requintado", que é com "funcional" um dos termos-choque da decoração dirigida, resume claramente esta coerção cultural. Os cômodos trocaram os símbolos da família pelos índices da relação social. Não são mais o cenário solene da afeição, mas o outro, também inteiramente ritual, da recepção. Ao ler de perto os móveis e os objetos contemporâneos, vê-se que já conversam com o mesmo talento dos convidados à noite, que se misturam e se soltam com a mesma liberdade — e que não há necessidade de trabalhar para viver.

Certamente a cultura sempre desempenhou este papel ideológico de apaziguamento: sublimar as tensões ligadas ao reino das funções, prover, para além da materialidade e dos conflitos do mundo real, o reconhecimento do ser em uma forma. Esta forma, que testemunha contra tudo e contra todos uma finalidade e assegura a reminiscência viva do desenvolvimento fundamental, é sem dúvida ainda mais urgente em uma civilização técnica. Simplesmente como a realidade que ao mesmo tempo nega e reflete, tal forma hoje se sistematiza: a uma técnica sistemática corresponde uma culturalidade sistemática. *E é tal culturalidade sistemática ao nível dos objetos que chamamos de* AMBIÊNCIA.

Os valores de ambiência:
O gestual e as formas

Quando, sempre dentro da análise dos valores de ambiência, se aborda o estudo das formas "funcionais" (ou indiferentemente "projetadas", "dinâmicas", etc.) vê-se que sua "estilização" é inseparável da do gestual humano que a ela se liga. Esta significa sempre uma elisão da energia muscular e do trabalho. Elisão das funções primárias em proveito das funções secundárias de relação e de cálculo, elisão dos impulsos em proveito de uma culturalidade, todos esses desenvolvimentos têm por mediação prática e histórica, ao nível dos objetos, a elisão fundamental do gestual de esforço, a passagem de *um gestual universal de trabalho a um gestual universal de controle*. É então que termina definitivamente um estatuto milenar dos objetos, seu estatuto antropomórfico: na abstração das fontes de energia.

O gestual tradicional: o esforço

Enquanto a energia investida permanece muscular, isto é, imediata e contingente, a ferramenta mantém-se atolada na relação humana, simbolicamente rica mas estruturalmente pouco coerente, se bem que formalizada em um determinado ritual. A utilização da energia animal não constitui uma modificação qualitativa: para civilizações inteiras a energia humana e a animal são equivalentes. Esta estabilidade da energia ocasiona a estagnação do instrumental. O estatuto da ferramenta, ou do objeto manual não muda quase nada através dos séculos. Ora, esta relação profunda, gestual, do homem com os objetos, que resume a integração do homem com o mundo e com as estruturas sociais, pode ser de uma grande plenitude, que lemos na sua beleza recíproca, no seu "estilo". Ocorre, porém, que tal relação é uma coerção que, paralelamente à das estruturas sociais, impede a verdadeira produtividade. Complexos de gestos e de forças, de símbolos e de funções, ilustrados, estilizados pela energia humana — admiramos estas foices, estes cestos, estes cântaros, estes arados que esposavam as formas do corpo, o esforço e a matéria que transformavam, mas o esplendor desta relação de conformidade permanece subordinada à coerção relacional. O homem não é livre quanto aos seus objetos, os objetos não são livres quanto ao homem. Será preciso uma revolução das fontes de energia para que com a *praxis* à distância, e o armazenamento e o cálculo de energia mobilizados, o homem e o objeto sejam levados a um novo debate, objetivo, a uma dialética plena de conflitos que não fora dada na sua finalidade recíproca e na sua relação coercitiva. É por esse meio que o homem evolui para um devir social objetivo, é por esse meio também que o objeto tende para sua verdade, que é a da sua funcionalidade multiplicada pela libertação da energia.

O objeto funcional é o objeto real. Através das revoluções no domínio da energia, a coerência tecnológica e aquela (relativa) da ordem de produção são substituídas pela simbiose energética e pela colusão simbólica. Ao mesmo tempo, a relação do homem com o objeto é reposta por uma dialética social, a das forças de produção. Mas são as conseqüências desta revolução no domínio cotidiano que aqui nos interessam.

O gestual funcional: o controle

Experimentamos em nossas atividades como se esgota a mediação gestual entre o homem e as coisas: aparelhos domésticos, automóveis, *gadgets,* dispositivos de aquecimento, de iluminação, de informação, de transferência, tudo isto requer apenas alguma energia ou intervenção minimal. Às vezes um simples controle de mão ou olho, jamais a destreza, quanto muito o reflexo. Quase tanto quanto o mundo do trabalho, o mundo doméstico é dirigido pela regularidade dos gestos de comando ou de telecomando. O botão, a alavanca, a manivela, o pedal ou qualquer outra coisa: minha única aparição no caso da célula fotoelétrica substituem a pressão, a percussão, o choque, o equilíbrio do corpo, o volume e a divisão das forças, a prática e a habilidade (na maior parte das vezes, a rapidez é que é exigida). A apreensão dos objetos que atingia todo o corpo é substituída pelo contato (mão ou pé) e pelo controle (olhar, às vezes audição). Enfim, as únicas "extremidades" do homem participam ativamente do meio ambiente funcional.

A abstração libertadora das fontes de energia traduz-se portanto por uma abstração igual na *praxis* humana dos objetos. É menos uma *praxis* neuro-muscular que a de um sistema de vigilância cérebro-sensorial (Naville) que é requerida. Porém não mais só: permanece, para atenuar a abstração absoluta da ação à distância, o que chamamos o gestual do controle (mão, olhar etc).¹⁵ Este gestual mínimo é de certa maneira necessário: sem ele toda esta abstração de poder perderia seu sentido. É preciso que uma participação ao menos formal assegure o homem de seu poder. Por isso pode-se afirmar que o gestual de controle permanece essencial, não ao bom funcionamento técnico (uma técnica mais avançada poderia passar sem ele e sem dúvida o fará), mas ao bom funcionamento mental do sistema.

Um novo campo operatório

Porque sua energia é abstrata, a funcionalidade dos objetos torna-se ilimitada: assim como quase não há mais substância que não tenha seu equivalente plástico, também não há mais gesto que não tenha seu equivalente técnico. A mecânica mais simples substitui elipticamente uma soma de gestos, com isto concentra eficiência e torna-se independente tanto do operador como da matéria a operar. Forma e uso da ferramenta, matéria, energia investida, todos os termos mudaram. A matéria diferenciou-se ao infinito, por vezes volatilizou-se: para um aparelho de rádio, é a informação. A energia ao se transformar transformou as matérias e as funções: a técnica apenas resume os gestos anteriores, inventa outras operações e sobretudo reparte o campo operatório em funções ou conjuntos de funções totalmente diferentes. A abstração do homem diante de seus objetos (técnicos), sua "espetaculosa alienação" não vem pois tanto do fato de seus gestos terem sido *substituídos,* mas sim da abstração da própria *partição* funcional e da impossibilidade de uma intuição analógica desta partição com referência aos gestos anteriores.¹⁶ Somente

(15) De forma mais exata, o gestual de esforço não se esgota apenas em um gestual de controle: dissocia-se em um gestual de controle e em *um gestual de jogo.* O corpo, esquecido pela *praxis* moderna mas livre de suas pressões, encontra no esporte e nas atividades físicas do lazer uma real possibilidade de expressão, ao menos uma possibilidade compensadora de gasto (pode-se perguntar com efeito se o desdobramento do gestual de esforço instaura uma liberdade real do corpo ou se coloca simplesmente em seu lugar um sistema de dois termos, cujo segundo termo — o jogo e o esporte — vem a ser justamente apenas o termo compensador do primeiro. Dá-se o mesmo processo na duplicação do tempo em tempo ativo e tempo de lazer).

(16) Tomemos o exemplo do fogo: a "lareira" responde primitivamente às funções conjuntas de aquecimento, iluminação e cozinha. É nesta qualidade que se reveste de uma complexidade simbólica. Mais tarde a assadeira, já um aparelho, reúne as funções de aquecimento

uma inteligência abstrata e nunca imediata pode se
adaptar às novas estruturas técnicas: mas mesmo assim
é preciso que o homem se adapte a este uso cada vez
mais exclusivo dessas funções superiores de inteligência
e de cálculo. As resistências, profundas, criam aqui um
atraso definitivo. O homem torna-se menos coerente
que seus objetos. Estes o precedem de certa maneira na
organização da ambiência e pois dominam suas condutas. Tomemos a máquina de lavar: encontra-se ela
na forma e no comportamento sem ligação precisa com
a roupa branca, no espaço e no tempo toda a operação
de lavar perdeu a especificidade. Intervenção mínima,
desenvolvimento cronometrado, onde a própria água vem
a ser apenas o veículo abstrato dos produtos químicos
detergentes. Funcionalmente, a máquina de lavar entra
a partir daí em um campo de relação totalmente diverso
do da pá de bater roupa branca ou da tina de outrora,
entra em um campo de associação funcional descontínuo com os outros operadores objetivos, com o refrigerador, a TV, os elementos do arranjo e o automóvel,
— e não como os utensílios tradicionais, em um campo
de mediação prática entre uma matéria a ser transformada e um homem que a transforma. Passamos de um
campo vertical, em profundidade, a um campo horizontal, em extensão.

Da mesma maneira como se estruturam as diversas
partes do mecanismo de um objeto, assim também tendem a se organizar entre si, independentemente do homem, os diversos objetos técnicos, remetendo-se uns aos
outros na uniformidade de sua *praxis* simplificada, cons-
tituindo-se assim em uma ordem articulada que segue
seu próprio modo de evolução tecnológica e onde a
responsabilidade do homem se limita a exercer um controle mecânico do qual na sua forma extrema a própria
máquina se encarregará.

<sub>e de cozinha: possui ainda uma certa presença simbólica. Depois todas
essas funções separam-se analiticamente, dispersam-se em aparelhos
especializados, cuja síntese não é mais aquela, concreta, da "lareira",
mas a outra, abstrata, de energia que as alimenta (gás ou eletricidade).
A dimensão simbólica desta nova ambiência, fundada sobre a partição
funcional de uma ordem diversa, é nula.</sub>

A miniaturização

No lugar do *espaço* contínuo mas limitado que os gestos criam ao redor dos objetos para poder usá-los, os objetos técnicos instituem uma *extensão* descontínua e indefinida. O que regula esta extensão nova, esta dimensão funcional é a coerção da organização maximal, de comunicação otimal. Por isso assistimos, com o progresso tecnológico, a uma miniaturização sempre mais acentuada do objeto técnico.

Libertados da referência humana, daquilo que se poderia chamar "a dimensão natural", consagrados cada vez mais à complexidade das mensagens, os mecanismos, à semelhança do cérebro, dirigem-se para uma concentração irreversível de estruturas, para a quintessência do microcosmo.[17] Após um período de expansão prometeana de uma técnica que visa ocupar o mundo e o espaço, chegamos à era de uma técnica que opera o mundo em profundidade. Eletrônica, cibernética — a eficiência, liberta do espaço gestual, fica de hoje em diante ligada à saturação da extensão minimal que governa um campo maximal e sem medida comum com a experiência sensível.[18]

(17) Daí a fascinação que exerce o objeto miniaturizado: o relógio de pulso, o transístor, a máquina fotográfica etc.

(18) Esta tendência à miniaturização pode parecer paradoxal em uma civilização da extensão, da expansão, da espacialização. De fato, revela a um só tempo o resultado ideal e uma contradição da mesma. Pois esta civilização técnica é também a das pressões urbanas e da penúria de espaço. Cada vez mais se torna, por necessidade cotidiana absoluta (e não unicamente estrutural), uma civilização do "compacto". Certamente há uma relação entre o lazer, a máquina calculadora, a microtécnica de um lado, e de outro o pequeno veículo, o *gadget* polifuncional, o apartamento "medido" e o transístor, mas esta relação não é forçosamente estrutural ou lógica. O princípio de organização maximal que conduz às técnicas de miniaturização tem como função paralela atenuar (sem resolver) uma penúria crônica do espaço ao nível cotidiano. Os dois não se acham estruturalmente ligados mas simplesmente implicados no quadro de um mesmo sistema. E o objeto técnico cotidiano, preso entre os dois, não sabe exatamente a que responde: se a um avanço das técnicas (miniaturização) ou a uma degradação do sistema prático (penúria do espaço)?

(Estudamos ademais — "os avatares da técnica" — o antagonismo entre uma evolução tecnológica estrutural e as coerções de privação que dirigem o sistema vivido.)

Estilização — Maneabilidade — Desenvolvimento

A estilização das formas é em toda parte correlativa a esta crescente autonomia do mundo funcional e da organização otimal da extensão. As formas tornam-se também mais autônomas, afastam-se sempre mais de uma morfologia do corpo humano e do esforço — todavia de uma maneira ou de outra fazem sempre alusão a eles. Organizam-se livremente, mas sua perdida relação com as funções primárias persiste ainda na abstração de um signo: é a sua conotação. Por exemplo a mão, de que vimos a importância no gestual de controle. Espera-se que todo objeto moderno seja primeiro manejável (isto vem a ser quase o equivalente de "funcional"). Mas que "mão" é esta em função da qual as formas se delineiam? Não é mais de modo algum o órgão de apreensão em que desemboca o esforço e sim simplesmente o signo abstrato da *maneabilidade,* à qual se conformam tão bem os botões, as alavancas etc. que a operação em si não requer mais trabalho manual e situa-se alhures. Reencontramos aqui, no plano morfológico, o mito da naturalidade a respeito do qual já falamos: o corpo humano apenas delega os signos de sua presença aos objetos cujo funcionamento é, ao contrário, autônomo. Delega suas "extremidades". E os objetos "delineiam-se" por seu lado em função dessa significação morfológica abstrata. Existe aí um sistema de colusão de formas em que somente se faz alusão ao homem.[19] É assim que a forma do objeto "esposa" a mão. É assim que a poltrona Airborne "esposa" as formas de seu corpo: uma forma esposa a outra. A ferramenta, o objeto tradicional absolutamente não esposava as formas do homem: esposava-lhe o esforço e o gesto — o corpo do homem impunha-se ademais aos objetos para algum trabalho manual. Hoje o corpo do homem parece achar-se aí apenas como causa abstrata da forma consumada do objeto funcional. *A funcionalidade não é mais portanto a imposição de um trabalho real mas a adaptação de uma forma a outra*

---

(19) Da mesma maneira que, no domínio da ambiência, somente se faz alusão à natureza.

(a alavanca à mão) e *através dela, a elisão, a omissão dos processos reais de trabalho.*

As formas, assim desembaraçadas das funções práticas e do gestual humano, tornam-se dependentes umas das outras e do espaço que "ritmam". Encontra-se hoje aí nossa definição do "estilo" dos objetos: o mecanismo ao permanecer virtual ou subentendido (alguns gestos simples o evocam na sua força sem o tornar presente, o corpo eficaz do objeto permanece ilegível), só está presente a forma que vem envolvê-lo com sua perfeição, com sua "linha", que vem como que "vestir" e omitir uma energia abstrata e cristalizada. Tal como na evolução de certas espécies animais, a forma se exterioriza à volta dos objetos feito uma carapaça. Fluida, transitiva, envolvente, unifica as aparências, ultrapassando em direção a um conjunto coerente a descontinuidade angustiante dos diversos mecanismos. Nessas ambiências funcionais, um contínuo fechamento de linhas (ao mesmo tempo que de matérias: cromo, esmalte, plástico) restabelece a unidade de um mundo do qual o gesto humano assegurava outrora o equilíbrio em profundidade. Caminhamos assim para um absolutismo da forma: só ela é exigida, só ela é lida, e é marcadamente a funcionalidade das formas que define o "estilo".

O fim da dimensão simbólica

De fato, esta realização formal oculta uma carência essencial: pela transitividade universal das formas, nossa civilização técnica tenta compensar o desaparecimento da relação simbólica ligada ao gestual tradicional de trabalho, compensar a irrealidade, o vazio simbólico de nosso poderio.[20]

Pois a mediação gestual tem unicamente uma dimensão prática. E a energia investida no esforço não é somente de ordem muscular e nervosa. Toda uma sim-

---

(20) Não se trata de poetizar o esforço nem o gestual tradicional: quando se pensa que ao longo de séculos o homem tem compensado com suas próprias forças a carência das ferramentas, que, depois dos escravos e dos servos, os camponeses e os artesãos tiveram ainda entre as mãos objetos derivados diretamente da idade da pedra, só nos resta saudar a abstração das fontes de energia e o dessuetude de um gestual que no fundo era apenas o da servidão. Hoje, a "maquinalidade sem alma" (quer seja ao nível do espremedor de legumes elétrico) permite enfim ultrapassar a estrita equivalência do produto e do gesto, onde se consumia o longo esforço dos dias e criar um sobreproduto para o gesto humano. Mas as conseqüências num outro plano não são menos profundas.

bólica fálica se desdobra no gesto e no esforço através dos esquemas de penetração, de resistência, de modelagem, de atrito etc. De todos os gestos rítmicos, a rítmica sexual é o modelo, e toda *praxis* tecnológica é por ela sobredeterminada (remetemos aos estudos de G. Bachelard e a G. Durand: *Les Structures anthropologiques de l'Imaginaire*, p. 46 etc.). Objetos e utensílios tradicionais, por mobilizarem o corpo inteiro no esforço e na realização, retêm alguma coisa do investimento libidinal profundo da troca sexual (como em um outro plano a dança e os ritos).[21] Ora, tudo isso é desencorajado, desmobilizado, pelo objeto técnico. Tudo que fora sublimado (simbolicamente investido, pois) no gestual de trabalho acha-se hoje recalcado. Nada mais nos conjuntos técnicos da vegetação teatral anárquica dos objetos antigos, que envelheciam, que revelavam seu trabalho. Falo ou vagina vivos, a pá e o cântaro tornam legível simbolicamente na sua "obscenidade" a dinâmica pulsional dos homens.[22] Obsceno também todo o gestual de trabalho, hoje abstrato e miniaturizado no gestual de controle. Teatro da crueldade e da pulsão, o mundo dos objetos antigos, em face da neutralidade formal, da "brancura" profilática e da perfeição dos objetos funcionais. O cabo do ferro de passar desaparece, ele se perfila (o termo é característica de sua finura e de sua abstração), visa cada vez mais a ausência do gesto, em um extremo esta forma absolutamente não será manual, mas simplesmente manejável. *A forma ao se extinguir terá relegado o homem à contemplação de seu poderio.*

A abstração do poderio

Ora, este poderio técnico não pode mais ser mediatizado: não tem medida comum com o homem e seu

(21) Da mesma maneira pode-se dizer que se integra aos objetos por meio do gestual o que Piaget chama os "esquemas afetivos", paternal e maternal, relações da criança com seu meio humano primordial: o pai e a mãe, eles próprios aparecem à criança como ferramentas cercadas de ferramentas secundárias.

(22) Assim a casa maternal clássica, desenhada pelas crianças, com suas portas e janelas, simboliza ao mesmo tempo elas próprias (um rosto humano) e o corpo da mãe. Como no gestual, a desaparição desta casa tradicional de andares, escada, sótão e adega significa primeiro a frustração de uma dimensão simbólica de reconhecimento. É na convivência profunda, na percepção visceral de nosso próprio corpo, que somos frustrados pela ordem moderna: nela não reencontramos mais grande coisa de nossos próprios órgãos nem da organização somática.

corpo. Não pode mais ser *simbolizado*: as formas funcionais podem somente *conotá-lo*. Sobressignificam-no na sua coerência absoluta (aerodinamismo, maneabilidade, automatismo, etc.) mas ao mesmo tempo formalizam o vazio que dele nos separa, são como que o ritual moderno de operações miraculosas. Signos de nosso poderio mas ao mesmo tempo testemunhas de nossa irresponsabilidade diante dele. Talvez seja aí que se faça necessário procurar a razão, depois da primeira euforia mecanicista, desta melancólica satisfação técnica, desta angústia particular que nasce com os aspectos miraculosos do objeto, da indiferença forçada, do espetáculo passivo de seu poderio. A inutilidade de certos gestos habituais, a ruptura de certos ritmos da vida cotidiana fundados sobre os vaivéns do corpo têm conseqüências psicológicas profundas. De fato produziu-se uma verdadeira revolução ao nível cotidiano: *hoje os objetos tornaram-se mais complexos que o comportamento do homem a eles relativo*. Os objetos são cada vez mais diferenciados, nossos gestos o são cada vez menos. Pode-se exprimir isto de outra forma: os objetos não estão mais cercados por um teatro de gestos do qual vinham a ser os papéis, tendo sua finalidade se acentuado a tal ponto que hoje se tornaram quase os atores de um processo global do qual o homem é simplesmente o papel ou o espectador.

Citamos como apólogo uma estória curiosa. Estava-se no século XVIII. Um ilusionista muito entendido em relojoaria havia fabricado um autômato. E este era tão perfeito, seus movimentos tão flexíveis e naturais que os espectadores, logo que o ilusionista e sua obra apareciam juntos em cena, não podiam discernir qual o homem e qual o autômato. O ilusionista viu-se pois obrigado a mecanizar seus próprios gestos e em um assomo de talento a alterar ligeiramente sua própria aparência para conferir sentido ao espetáculo, pois os espectadores com o tempo haviam ficado muito angustiados por não saberem qual o "verdadeiro" e seria preferível que se tomasse o homem pela máquina e a máquina pelo homem.

Existe aí como que a ilustração de uma certa ligação fatal com a técnica — só que dentro da realidade moderna não se é despertado com os aplausos de um público feliz por ter sido tão bem enganado. A ilustração de uma sociedade cujo aparelho técnico seria tão aperfeiçoado que surgisse como um aparelho gestual "de síntese" superior ao aparelho gestual tradicional, como a projeção soberana de estruturas mentais aperfeiçoadas. Por ora o gesto humano é ainda o único a oferecer a precisão e a flexibilidade requeridas por certos trabalhos. Mas nada impede pensar que a *technè*, segundo seus progressos incessantes, não possa alcançar uma *mimesis* e substituir um mundo natural por outro fabricado de forma inteligível. Se o simulacro é tão bem simulado que se torna um eficaz ordenador da realidade, não é o homem então que, em face do simulacro, se faz abstração? Lewis Munford já notava (*Technique et Civilisation*, p. 296): "A máquina conduz a uma eliminação de funções que se acha próxima da paralisia". -não é o homem então que, em face do simulacro, se de uma realidade vivida: o comportamento que os objetos técnicos impõem é descontínuo, sucessão de gestos pobres, de gestos-signos, cujo ritmo se apaga. Algo semelhante ao que testemunha o ilusionista daquela estória que, diante da perfeição de sua máquina, é levado a se desunir e a se mecanizar. *O homem é reduzido à incoerência pela coerência de sua projeção estrutural*. Em face do objeto funcional o homem torna-se disfuncional, irracional e subjetivo, uma forma vazia e aberta então aos mitos funcionais, às projeções fantasmáticas ligadas a esta estupefaciente eficiência do mundo.

O mito funcionalista

Com efeito, a dinâmica concreta do esforço, que se abstraiu nos mecanismos e nos gestos de controle, nem por isso desapareceu: interiorizou-se em uma dinâmica mental, a do mito funcionalista. A da virtualidade de um mundo totalmente funcional, de que cada objeto é já o indício. O gestual reprimido torna-se mito, projeção, transcendência. No momento em que perdemos de vista o encaminhamento da energia, em que a experimentamos como infundida no objeto, no momento em que nos tornamos o irresponsável beneficiário de uma ausência (ou quase) de gestos e de esforços, não somos justificados, constrangidos a crer em uma funcionalidade absoluta, sem limites, na virtude eficaz dos signos? Algo da antiga indução do real a partir do signo, que consistia na regra do mundo mágico, ressurge aqui. "Uma parte do sentimento de eficácia da magia primitiva tornou-se crença incondicional no progresso" diz Simondon (*op. cit.*, p. 95). Isto é verdadeiro a respeito da sociedade técnica global, assim como, de uma maneira mais confusa, tenaz, a respeito do meio ambiente cotidiano, em que o menor *gadget* vem a ser centro de uma área técnico-mitológica de poder. O modo de uso cotidiano dos objetos constitui um esquema quase autoritário de suposição do mundo. Ora, o que o objeto técnico, que requer somente uma participação formal, nos narra, é um mundo sem esforços, de abstração e mobilidade total da energia, eficiência total do gesto-signo.[23]

A forma funcional: o isqueiro

É tudo aquilo em que se manifesta a fluidez estilizada das formas "funcionais", é esta dinâmica mental, simulacro de uma relação simbólica perdida, que elas conotam, tentando reinventar uma finalidade à custa dos signos. Assim o isqueiro em forma de seixo, lançado com sucesso pela publicidade de alguns anos para cá: forma oblonga, elíptica, assimétrica, "altamente funcional": não porque produza fogo melhor do que algum outro, mas porque "toma a forma da mão". "O mar a poliu como a forma da mão": é um estado perfeito. Sua funcionalidade não é a de produzir fogo, mas a de ser manejável. E sua forma é como que predestinada pela natureza (o mar) à manipulação do homem. Esta qualidade nova é para ele sua retórica. A conotação aqui é dupla: objeto industrial, este isqueiro, supõe reencontrar uma das qualidades do objeto artesanal, cuja forma prolongaria o gesto e o corpo do homem. Por outro lado, a alusão ao mar nos conduz até o mito de uma natureza ela própria culturalizada em função do

(23) É preciso distinguir esta *mitologia*, da *ideologia* de Progresso. Por mais abstrata que seja, continua a ser uma hipótese sobre as estruturas e se apóia sobre uma evolução técnica. Ao passo que o mito funcionalista é simples presunção de uma totalidade técnica apoiada na fé pelos signos. Uma é mediação sócio-cultural (dos séculos XVIII e XIX), a outra, antecipação fantasmática.

homem e que se adapta aos seus menores desejos: o mar aqui desempenha o papel cultural de polidor, é o artesanato sublime da natureza.[24] Assim, da pedra ao mar, retomado pela mão por intermédio do fogo, este isqueiro torna-se um sílex miraculoso, passando a atuar toda uma finalidade pré-histórica e artesanal na própria essência prática de um objeto industrial.

A conotação formal: a asa do carro

Por muito tempo os carros americanos foram ornamentados com imensas asas sobre as quais Packard diz em *L'Art du gaspillage* (p. 282) que simbolizam a obsessão americana pelos bens de consumo: possuem ainda outras significações: apenas desembaraçado das formas dos veículos anteriores e estruturado segundo sua função própria, rapidamente o objeto automóvel passa unicamente a conotar o resultado adquirido, conotar-se a si próprio como função vitoriosa. Assiste-se então a um verdadeiro triunfalismo do objeto: a asa do carro torna-se o *signo* da vitória sobre o espaço, — signo puro já que sem relação com esta vitória (antes a comprometendo, pois torna o veículo pesado e o sobrecarrega). A mobilidade concreta e técnica sobressignifica-se aqui em fluidez absoluta. Como a asa não é signo da velocidade *real*, significa uma velocidade sublime, sem medida. Sugere um automatismo miraculoso, uma graça, é a presença desta asa que, para a imaginação, parece impulsionar o veículo: este voa então por suas próprias asas, imita um organismo superior. Enquanto o motor é o eficiente real, a asa é o eficiente imaginário. Esta comédia da eficiência espontânea e transcendente do objeto requer imediatamente símbolos naturais: o automóvel se atavia de asas e de fuselagem que aliás são elementos estruturais: furta os signos do avião, objeto-modelo do espaço; mais adiante ainda, é da natureza que furta os signos: o tubarão, o pássaro, etc.

Em nossos dias a conotação natural mudou de registro; assistia-se outrora a um desregramento do reino vegetal, que submergia os objetos, e mesmo as máquinas,

(24) As mitologias "naturais" passam freqüentemente pela referência a um sistema cultural anterior, espécie de relé pseudo-histórico no processo de regressão para uma totalidade mítica: assim a mitologia do artesanato pré-industrial implica o mito de uma natureza "funcional" e reciprocamente.

com os signos dos produtos da terra, para os naturalizar,[25] mas o que se vê delinear hoje é uma sistemática da fluidez, que não mais procura suas conotações na terra e na flora, elementos estáticos, porém no ar e na água, elementos fluidos, assim como na dinâmica animal. Mas esta naturalidade moderna, por ter passado do orgânico ao fluido, não permanece menos uma conotação da natureza. O elemento inestrutural, inessencial, como a asa do veículo, conota ainda o objeto técnico *naturalmente*.

Conota-o pois, por isto mesmo, *alegoricamente*. Quando a estrutura congelada é invadida pelos elementos inestruturais, quando o detalhe formal invade o objeto, a função real passa a ser somente *alibi* e *a forma passa somente a significar a idéia da função*: torna-se alegórica. As asas do veículo constituem nossa alegoria moderna. Não temos mais musas e flores, temos asas de veículo e nossos isqueiros polidos pelo mar. E é pela alegoria que fala o discurso inconsciente. É na asa do veículo que se exprime o fantasma profundo da velocidade, todavia de modo alusivo e regressivo. Pois se a velocidade é uma função de ordem fálica, a asa do veículo deixa transparecer somente uma velocidade formal, congelada, quase visualmente comestível. Não é mais o termo de um processo ativo mas de uma satisfação "em efígie" da velocidade — como um estado último, passivo, de degradação da energia em signo puro, onde o desejo inconsciente repisa um discurso imóvel.

Assim a conotação formal equivale bem à imposição de uma *censura*. Por trás da realização funcional das formas, a simbólica fálica tradicional acha-se desunida: de uma parte se abstrai em um simulacro de poder (o mecanismo oculto, indiscernível) — de outra, regressiva e narcisista, satisfaz-se com o envolvimento das formas e com sua "funcionalidade".

O alibi da forma

Vemos melhor por esse meio como discorrem as formas e a que tende este discurso. Dependentes umas

---

(25) A curva por si só guarda ainda qualquer coisa desta conotação vegetal e maternal — as curvas tendem a impor aos objetos valores orgânicos da postura. Ou de evolução natural. Por esse motivo desaparecem ou se tornam elípticas.

das outras e remetendo continuamente em sua estilização às formas homólogas, apresentam-se como um discurso perfeito, realização otimal de uma essência do homem e do mundo. Mas tal discurso nunca é inocente: a articulação das formas entre si sempre oculta um discurso indireto. A forma do isqueiro refere-se à forma da mão *através* do mar "que o poliu", a asa do veículo refere-se ao espaço percorrido *através* do avião, do pássaro etc., em verdade através da *idéia* do mar, da *idéia* do avião e do pássaro. Por toda a parte vê-se assim a Idéia de Natureza, sob múltiplas formas (elementos animais, vegetais, o corpo humano, o próprio espaço[26]), imiscuir-se na articulação das formas. É na medida em que estas, ao se constituírem em sistema, recriam uma espécie de finalidade interna, que ao mesmo tempo se conotam de natureza — a natureza permanecendo a referência ideal de toda finalidade.

Os objetos "vulgares", que se esgotam em sua função, não têm esta finalidade. Não se poderia falar de ambiência neste nível, mas simplesmente de meio ambiente. Por longo tempo se lhes quis impor uma finalidade grosseira: decoravam-se com flores as máquinas de costura, ainda recentemente Cocteau e Buffet "vestiam" os refrigeradores. Na impossibilidade de os poder "naturalizar" contentava-se em encobrir a sua presença. É assim que depois de uma fase muito breve em que a máquina e a técnica, orgulhosas de sua emancipação, ostentaram sua praticidade de maneira obscena, o pudor moderno se empenha obstinadamente em velar a função prática das coisas:

"O aquecimento a mazute é garantido por uma instalação absolutamente invisível".

---

(26) De fato, o espaço também se conota como *vazio*: em vez de nascer da inter-relação viva das formas (o espaço "ritmado") vê-se as formas dependerem umas das outras *através* do vazio, ou signo formalizado do espaço. Em um cômodo onde há espaço, há um *quê* de *Natureza*: "isto respira". Daí a tentação do vazio: paredes nuas significarão cultura e desafogo. Este bibelô será valorizado criando o vazio à volta dele. A "ambiência" é assim muitas vezes somente disposição formal, onde um vazio calculado "personaliza" alguns objetos. Inversamente, na série, a penúria de espaço destrói a ambiência por privar os objetos desta respiração luxuosa. Talvez seja preciso ler nessa simulação do vazio o reflexo de uma moral, a da distinção e da distância. Há pois aí também a inversão da conotação tradicional, a das substâncias plenas em que o valor se inscrevia na acumulação e na ostentação ingênua.

"Indispensável, a garagem não devia se impor à vista de qualquer ponto do jardim... Foi então dissimulada por meio de uma elevação revestida de cascalho. Um jardim alpino recobre o teto de concreto do local, que se comunica com o interior da propriedade por uma pequena porta disfarçada no revestimento de cascalho..."

Naturalização, escamoteamento, sobreimpressão, decoração: estamos rodeados de objetos em que a forma intervém *como uma solução falsa para o modo contraditório com que é vivido o objeto*. Hoje em dia a decoração disparatada cedeu lugar a soluções mais sutis. Mas a conotação de natureza, implicada no próprio discurso das formas, não se acha por isso menos presente.

Esta naturalização carrega-se espontaneamente de referências morais e psicológicas. O léxico da publicidade é neste ponto revelador: toda uma terminologia emocional: "calor", "intimidade", "cintilação", "sinceridade" — retórica dos valores "naturais" — acompanha no discurso publicitário o cálculo de formas e o "estilo funcional". Este "calor", esta "sinceridade", esta "lealdade", dizem portanto muito sobre o equívoco de um sistema em que transparecem como signos, assim como ainda há pouco, o pássaro, o espaço ou o mar, valores tradicionais há longo tempo perdidos. Certamente não se pode falar de "hipocrisia". Mas este mundo sistemático, homogêneo e funcional, de cores, matérias e formas, que por toda a parte não se acha mais negado[27] mas condenado, desmentido, omitindo o impulso, o desejo, a força explosiva do instinto — não será também um mundo moral e hipermoral? Se a hipocrisia moderna não visa mais ocultar a obscenidade da natureza, *visa satisfazer-se* (ou tentar satisfazer-se) *com a naturalidade inofensiva dos signos*.

---

(27) A recusa *moral* do instinto assinala ainda uma promiscuidade instintiva. Aqui, nada de promiscuidade: a natureza sob todas as suas formas é significada e negada simultaneamente nos próprios signos.

3. CONCLUSÃO: NATURALIDADE E FUNCIONALIDADE

Ao termo desta análise dos valores do arranjo e da ambiência, observamos que o sistema inteiro repousa sobre o conceito de FUNCIONALIDADE. Cores, formas, materiais, arranjo, espaço, tudo é funcional. Todos os objetos se pretendem funcionais como todos os regimes se pretendem democráticos. Ora, este termo, que encerra todos os prestígios da modernidade, é particularmente ambíguo. Derivado de "função", ele sugere que o objeto se realiza na sua exata relação com o mundo real e com as necessidades do homem. Efetivamente, resulta das análises precedentes que *"funcional" não qualifica de modo algum aquilo que se adapta a um fim, mas aquilo que se adapta a uma ordem ou a um sistema*: a funcionalidade é a faculdade de se integrar em um conjunto. Para o objeto, é a possibilidade de ultrapassar precisamente sua "função" para uma função segunda, de se tornar elemento de jogo, de combinação, de cálculo, em um sistema universal de signos.

Portanto o sistema funcional caracteriza-se sempre simultaneamente e de forma *absolutamente ambígua* como:

1º *Superação* do sistema tradicional sob seus três aspectos: função primária do objeto — impulsos e necessidades primárias — relação simbólica entre um e outro.

2º *Negação* simultânea destes três aspectos solidários do sistema tradicional.

Em outras palavras:

1º A coerência do sistema funcional dos objetos advém do fato de que estes (em seus diversos aspectos, cor, forma, etc.) não mais têm valor próprio mas uma função universal de signos. A ordem de Natureza (função primária, impulso, relação simbólica) nele se encontra presente por toda parte, mas unicamente como signo. A materialidade dos objetos não se acha aí mais diretamente em luta com a materialidade das necessidades: há elisão destes dois sistemas incoerentes, primários e antagonistas, pela inserção entre um e outro de um sistema abstrato de signos manipuláveis: a *funcionalidade*. Ao mesmo tempo, a relação simbólica desaparece: o que transparece através do signo é uma natureza continuamente dominada, elaborada, abstrata, natureza salva do tempo e da angústia, passando continuamente à cultura por virtude do signo, natureza sistematizada: uma *naturalidade* (ou *culturalidade* como se verá).[1]

(1) Cultura e natureza aqui se opõem com efeito apenas formalmente e se permutam ao nível do signo: nos dois conceitos, de "naturalidade" e de "culturalidade", é o sufixo que prevalece. Já encontramos e voltaremos a encontrar tal sufixo em qualquer ocasião: fim-finalidade, função-funcionalidade, e mesmo além, história-historicidade, pessoa-personalidade (personalização), etc., — como que marcando por toda a parte a passagem para o sentido abstrato, o sentido segundo, para o nível do signo e revestindo-se por esse meio de importância essencial para a análise de qualquer sistemática e particularmente das estruturas de conotação.

Esta naturalidade é pois o corolário de toda funcionalidade. É a conotação moderna do sistema de "ambiência".

2º A presença sempre *ultrapassada* da Natureza (de um modo bem mais coerente e exaustivo que em todas as culturas anteriores),[2] confere a este sistema seu valor de modelo cultural e seu dinamismo objetivo.

Mas a presença sempre *desmentida* da Natureza torna-o um sistema de negação, de falta, de *alibi* (aliás, também ele mais coerente que todos os que o precederam).

De uma parte organização e cálculo, de outra parte, conotação e negação, uma só e mesma função do signo, uma só e mesma realidade do mundo funcional.

---

(2) Pois a cultura sempre foi isso. Mas pela primeira vez vemos hoje, ao nível do cotidiano, as primícias de um sistema capaz de assumir em sua abstração todas as determinações dos objetos, portanto de ir muito longe na sua autonomia interna e mesmo de tender (acha-se aí sua finalidade) a uma sincronia perfeita entre o homem e a ambiência pela redução de um e de outro a signos e elementos simples.

ANEXO: O MUNDO DOMÉSTICO E O CARRO

A análise que iremos fazer inscreve-se no essencial no quadro do meio ambiente doméstico, da casa. Com efeito é o campo privado da habitação que reúne a quase totalidade de nossos objetos cotidianos. O sistema todavia não se esgota no interior doméstico. Comporta um elemento exterior que constitui por si só uma dimensão do sistema: o *automóvel*.

Objeto por excelência por resumir todos os aspectos da análise: a abstração de todo o fim prático pela velocidade, o prestígio — a conotação formal — a conotação técnica — a diferenciação forçada — o investimento passional — a projeção fantasmática. Mais do que em qualquer outro lugar torna-se aí perceptível a conivência entre um sistema subjetivo de necessidades e um sistema objetivo de produção. Estes aspectos são analisados de outro modo. Queremos insistir aqui é sobre a posição do automóvel dentro do sistema global.

Ele entra como complementação de todos os outros objetos, sendo que cada um surge em relação a ele como parcial — não somente porque menos complexo, mas porque não ocupa por si só, no sistema, posição específica. Somente a esfera doméstica no seu conjunto (móveis, aparelhos, *gadgets* etc.), estruturada pela grande oposição arranjo/ambiência, possui, na coerência relativa, um valor posicional igual ao do automóvel. Certamente, no plano do vivido, a esfera doméstica, com suas tarefas, funções e relações múltiplas, prevalece de longe sobre a "esfera" dos comandos automóveis. Mas no plano do sistema é preciso admitir que ela constitui hoje somente um dos pólos binários do sistema global — o outro sendo precisamente o automóvel.

Resumindo inteiramente as oposições e as significações latentes do interior doméstico, o automóvel lhes acrescenta uma dimensão de poderio, uma transcendência que lhe faltava — sem jamais colocar em causa o próprio sistema: a cotidianidade privada toma com o veículo as dimensões do mundo sem deixar de ser a cotidianidade: o sistema satura-se assim eficazmente sem se deixar ultrapassar.

O deslocamento é uma necessidade e a velocidade, um prazer. A posse de um automóvel é mais ainda: espécie de diploma de cidadania, a carta de motorista é a credencial desta nobreza mobiliária cujos costados são a compressão e a velocidade máxima. A apreensão desta carta não constitui hoje uma espécie de excomunhão, de castração social?[1]

Sem ir ao ponto de ver no automóvel a versão moderna do velho mito centauresco de fusão da inteligência humana e de forças animais,[2] pode-se admitir que é ele

---

(1) Utilizada por vezes como sanção contra rufiões.
(2) Sobre a mitologia do Centauro e os fantasmas de projeção no cavalo e no homem, ver: "A Coleção".

um objeto sublime. Abre como que um parênteses absoluto na cotidianidade de todos os outros objetos. A matéria que transforma, o espaço-tempo, é uma matéria incomparável a qualquer outra. E a síntese dinâmica que lhe outorga o automóvel pela velocidade é, ela também, radicalmente diferente de qualquer espécie de função habitual. O movimento por si só constitui certa felicidade mas a euforia mecanicista da velocidade vem a ser outra coisa: é fundada, no imaginário, sobre o milagre do deslocamento. A mobilidade sem esforço constitui uma espécie de felicidade irreal, de suspensão da existência e de irresponsabilidade. A velocidade tem como efeito, ao integrar o espaço-tempo, reduzir o mundo a duas dimensões, a uma imagem, vem ela livre de seu relevo e de seu devir, entrega-se de certo modo a uma imobilidade sublime e a uma contemplação. "O movimento", diz Schelling, "é somente a procura do repouso". Além de cem quilômetros por hora, há a presunção de eternidade (também de neurose talvez). Esta segurança em um além e um aquém do mundo é o alimento da euforia automóvel e nada tem de um tônus ativo: constitui uma satisfação passiva mas cujo cenário muda continuamente.

Tal "euforia dinâmica" atua como antítese das satisfações estáticas e imobiliárias da família e como parênteses na realidade social. *Joli Mai** nos propunha assim a confissão de um homem entre milhares de outros, para quem o carro constitui aquela *no man's land* (terra de ninguém) entre o lugar de trabalho e a casa familiar, um vetor vazio, de simples transporte: "Só tenho momentos agradáveis, dizia, entre a minha casa e o escritório. Rodo, rodo". E ainda: "Hoje não estou propriamente mais feliz, o trânsito está difícil". Assim o carro faz mais do que se opor à casa em uma cotidianidade desdobrada: é também um domicílio, mas excepcional, uma esfera fechada de intimidade, mas desligada dos embaraços habituais da intimidade, dotada de uma intensa liberdade formal, de uma funcionalidade vertiginosa. A intimidade do lar é a da involução na relação doméstica e no hábito, já a do automóvel é a de um metabolismo acelerado no tempo e no espaço, ao mesmo

(*) *Joli Mai*, filme de Chris Marker de 1963, inédito no Brasil. (N. da T.)

tempo o lugar sempre possível do *acidente,* onde vem culminar numa casualidade, uma oportunidade por vezes nunca realizada mas sempre imaginada, sempre involuntariamente assumida por antecipação, aquela intimidade consigo mesmo, aquela liberdade formal que nunca é tão bela quanto na morte. Um compromisso extraordinário se realiza: o de estar em casa e ao mesmo tempo cada vez mais afastado dela. O carro constitui assim o centro de uma subjetividade nova cuja circunferência não se acha em parte alguma enquanto a subjetividade do mundo doméstico é circunscrita.

Nenhum objeto, *gadget* ou aparelho da vida cotidiana, oferece tal sublimação, uma tal transfiguração. Cada objeto funcional comporta uma sobredeterminação de poder, mas esta é minimal no domínio doméstico ou imobiliário. Aliás a casa toda, salvo ao se ultrapassar pelo prestígio ou pela mundanidade, não é um domínio valorizador. (Um dos problemas essenciais do casal é justamente o fracasso freqüente desta valorização recíproca.) Frente a este setor "horizontal" que é a cotidianidade doméstica, o veículo e a velocidade representam uma espécie de esquema "vertical", de terceira dimensão.[3] Dimensão nobre, já que desligada não unicamente dos embaraços orgânicos da existência mas também dos embaraços sociais. Se a domesticidade parece recuar para aquém da sociedade, o automóvel, na sua funcionalidade pura ligada ao domínio único do espaço e do tempo, parece ostentar suas atrações além da sociedade. Com efeito, em relação à esfera social, lar e veículo participam da mesma abstração *privada,* — articulando-se seu binômio sobre o binômio trabalho-lazer para constituir o conjunto da cotidianidade.

Esta bipolaridade sistemática (o veículo excêntrico e todavia complementar do lar) tende a repartir a distribuição sociológica dos papéis segundo o sexo. O veículo permanece com efeito freqüentemente apanágio do homem. "Papai tem seu Peugeot, Mamãe tem seus Peugeot" diz um anúncio. Para o homem, o carro, para a mulher, o liquidificador, o moedor de café, o robô

---

(3) Daí a conhecida repugnância do usuário médio com respeito à segurança automóvel (cintos, etc.). Segurança "na própria casa" sim. Mas o auto é justamente, neste sentido, outra coisa, o inverso da casa.

eletroculinário etc.[4] O universo familiar é o dos alimentos e aparelhos multifuncionais. Já o homem reina no exterior, sobre um mundo cujo signo eficaz vem a ser o carro: ele não aparece na imagem. A mesma oposição atua pois sobre os dois planos dos objetos e dos papéis (aliás aqui, o que não deixa de ser significativo, no quadro do mesmo universo Peugeot).

Tal união talvez não seja acidental. Agrupa efetivamente determinações psicossexuais profundas.

Vimos como a velocidade é ao mesmo tempo transcendência e intimidade. Com o domínio sobre o espaço como signo abstrato do mundo real, nele o exercício do poder vem a ser projeção narcisista. Pensemos no valor "erótico" do veículo ou da velocidade: pelo levantamento dos tabus sociais ao mesmo tempo que da responsabilidade imediata, a mobilidade automóvel desata todo um sistema de resistências tanto para consigo como para com os outros: tônus, vivacidade, entusiasmo, audácia, tudo isto é devido à gratuidade da situação automóvel — por outro lado ela favorece a relação erótica pela intercessão de uma projeção narcisista dupla no mesmo objeto fálico (o carro) ou na mesma função fálica objetivada (a velocidade). O erotismo do veículo não é pois o de uma aproximação sexual ativa, mas aquela passiva, de uma sedução narcisista de cada um dos parceiros e de uma comunhão narcisista no mesmo objeto.[5] O valor erótico desempenha aqui o papel que tem a imagem (real ou psíquica) na masturbação.

Nesta qualidade, é preciso ver no carro um objeto-mulher.[6] Se toda a publicidade dele fala como tal: "flexível, de raça, confortável, prático, obediente, ardente etc.", isto combina com a feminização generalizada dos objetos no mundo publicitário, sendo a mulher-objeto o esquema de persuasão, a mais eficaz mitologia

(4) É preciso reconhecer que este conluio, homem-veículo, mulher-casa, tende a se atenuar, se não na representação ao menos nos fatos. fatos.

(5) Esta relação de cumplicidade narcisista através de um objeto ou de um sistema de objetos foi recentemente entrevista, a propósito do casal, pelo romance de Georges Pérec, *Les Choses* (Lettres Nouvelles, 1965). Encontra-se aí sem dúvida um aspecto moderno do viver junto: hoje tudo visa a fazer dos objetos o alimento da relação, e da relação (sexual, conjugal, familiar, microssocial) um quadro para o consumo dos objetos.

(6) As línguas o dão, ora como masculino, ora como feminino.

social. Todos os objetos, o carro também portanto, fazem-se mulher para serem comprados. Mas tal fato é o resultado de um sistema cultural. A fantasmatização profunda ao nível do carro é de outra ordem. Segundo o hábito que se tem dele e de suas características (do *spider* de corrida à limusine macia) o carro igualmente se presta, tanto a um investimento de poder quanto de refúgio — conforme se faça projétil ou residência. Mas no fundo, como todo objeto funcional mecânico, o veículo é primeiro — e para todos, homens, mulheres, crianças —, vivido como falo, objeto de manipulação, de desvelo, de fascinação. Projeção fálica e narcisista a um só tempo, poder petrificado pela própria imagem. Já tivemos oportunidade de analisar, a propósito da asa do veículo, como as próprias formas conotam esse discurso inconsciente.

**B. O SISTEMA NÃO-FUNCIONAL
OU
O DISCURSO SUBJETIVO**

1. O OBJETO MARGINAL – O OBJETO ANTIGO

Toda uma categoria de objetos parece escapar ao sistema que acabamos de analisar: são os objetos singulares, barrocos, folclóricos, exóticos, antigos. Parecem contradizer as exigências do cálculo funcional para responder a um propósito de outra ordem: testemunho, lembrança, nostalgia, evasão. Pode-se ser tentado a ver neles uma sobrevivência da ordem tradicional e simbólica. Mas tais objetos, ainda que diferentes, fazem parte eles também da modernidade e dela retiram seu duplo sentido.

Seu valor de ambiência:
A Historicidade

Na realidade, não são eles um acidente do sistema: *a funcionalidade dos objetos modernos torna-se historicidade do objeto antigo* (ou marginalidade do objeto barroco, ou exotismo do objeto primitivo) *sem todavia deixar de exercer uma função sistemática de signo*. É a conotação "natural", a "naturalidade" que no fundo culmina nos signos de sistemas culturais anteriores. O isqueiro que descrevemos já era mitológico na sua referência ao mar, mas servia ainda para alguma coisa — o objeto antigo, este, é puramente mitológico na sua referência ao passado. Não tem mais resultado prático, acha-se presente unicamente para significar. É inestrutural, nega a estrutura, é o ponto-limite de negação das funções primárias. Todavia não é nem afuncional nem simplesmente "decorativo", tem uma função bem específica dentro do quadro do sistema: significa o tempo.[1]

O sistema de ambiência é extensivo, mas caso se pretenda total, é preciso que recupere toda a existência, conseqüentemente também a dimensão fundamental do tempo. Não se trata, é claro, do tempo real[2], são os signos, ou indícios culturais do tempo, que são retomados no objeto antigo. Sua presença alegórica não contradiz portanto a organização geral: natureza e tempo, nada lhe escapa, tudo se efetua nos signos. Entretanto, se a natureza se deixa abstrair e sistematizar facilmente, o tempo não. A contradição viva que carrega se integra mal na lógica do sistema. É esta fraqueza "crônica" que percebemos na conotação espetacular do objeto antigo. Enquanto a conotação natural sabe se fazer sutil, a "histórica" é de uma evidência gritante. O objeto antigo tem sempre o ar de estar sobrando. Por belo que seja, permanece "excêntrico". Por autêntico que seja, tem sempre de certo modo um ar falso. E ele o é na medida em *que se faz passar por autêntico em*

(1) Limitamos aqui a análise do objeto "antigo" porque é ele o exemplo mais claro do objeto "não-sistemático". Mas é evidente que ela poderia ser conduzida sobre as mesmas bases a partir de outras subcategorias de objetos marginais.

(2) Assim como a naturalidade é no fundo negação da natureza, a historicidade é, ela também, recusa da história por trás da exaltação dos signos — presença negada da história.

um sistema onde a questão não é mais absolutamente a autenticidade, mas a relação calculada e a abstração do signo.

Seu valor simbólico:
O mito de origem

Existe pois um estatuto particular do objeto antigo. Na medida em que aí se encontra para esconjurar o tempo na ambiência e onde é vivido como signo, não se distingue de não importa qual outro elemento e se acha em relação com todos os outros.[3] Na medida, ao contrário, em que apresenta uma menor dependência para com outros objetos e se dá como totalidade, como presença autêntica, tem um estatuto psicológico especial. É vivido de outra maneira. É quando, não servindo para nada, serve profundamente para qualquer coisa. De onde emerge esta motivação tenaz dirigida para o antigo, o velho móvel, o autêntico, o objeto "de estilo", o rústico, o artesanal, o feito a mão, a cerâmica indígena, o folclore etc.? De onde surge esta espécie de fenômeno de aculturação que arrasta os civilizados para os signos excêntricos, no tempo e no espaço, de seu próprio sistema cultural, para os signos sempre anteriores — fenômeno inverso daquele que arrasta os "subdesenvolvidos" para os produtos e os signos técnicos das sociedades industriais?

A exigência à qual respondem os objetos antigos[4] é aquela de um ser definitivo, completo. O tempo do objeto mitológico é o perfeito: ocorre no presente como se tivesse ocorrido outrora e por isso mesmo acha-se fundado sobre si, "autêntico". O objeto antigo é sempre, no sentido exato do termo, um "retrato de família". Existe sob a forma concreta de um objeto, a imemoriali-

(3) Em verdade, o objeto antigo integra-se inteiramente nas estruturas de ambiência, já que é aí vivido em bloco como "quente", por oposição a todo o meio ambiente moderno "frio".

(4) E, ainda uma vez, por extensão, os objetos exóticos: o deslocamento e a diferença de latitude equivalem seja como for para o homem moderno a um mergulho no passado (cf. o turismo). Objetos feitos a mão, indígenas, bagatelas de todos os países, é menos a multiplicidade pitoresca que fascina do que a anterioridade das formas e dos modos de fabricação, a alusão a um mundo anterior, sempre alternado por aquele da infância e dos seus jogos.

zação de um ser precedente — processo que equivale, na ordem imaginária, a uma elisão do tempo. É isto que evidentemente falta aos objetos funcionais, que existem somente na atualidade, no indicativo, no imperativo prático, esgotando-se no seu uso sem ter tido lugar outrora e que, se asseguram mais ou menos bem o meio ambiente no espaço, não o asseguram no tempo. O objeto funcional é eficaz, o mitológico, perfeito. É o evento completo que ele significa, o nascimento. Não sou aquele que atualmente é, isto seria a angústia, sou aquele que foi, segundo o fio de um nascimento inverso do qual este objeto é para mim o signo e que do presente mergulha no tempo: regressão.[5] O objeto antigo dá-se portanto como mito de origem.

A "autenticidade"

Podemos a esta altura simplesmente relacionar o gosto do antigo com a paixão colecionadora:[6] há afinidades profundas entre os dois, na regressão narcisista, no sistema de elisão do tempo, no domínio imaginário do nascimento e da morte. Contudo é preciso distinguir na mitologia do objeto antigo dois aspectos: a nostalgia das origens e a obsessão pela autenticidade. Os dois parecem provir do apelo místico do nascimento constituído pelo objeto antigo no seu fechamento temporal — ter nascido implica o fato de ter tido um pai e uma mãe. A involução para as fontes é evidentemente a regressão para a mãe: quanto mais velhos são os objetos, mais nos aproximam de uma era anterior, da "divindade", da natureza, dos conhecimentos primitivos etc. Esta espécie de mística já existe, diz Maurice Rheims, na Alta Idade Média: um bronze ou um entalhe grego coberto de signos pagãos recobrem-se, aos olhos do cristão do século IX, de virtudes mágicas. Outra coisa é, verdade seja dita, a exigência de autenticidade, que se traduz por uma obsessão de certeza: a da origem da obra, de

---

(5) Dois movimentos inversos: na medida em que se integra no sistema cultural *atual*, o objeto antigo vem, do fundo do passado, *significar no presente a dimensão vazia do tempo*. Enquanto regressão individual, ao contrário, é um movimento do presente para o passado para nele projetar a dimensão vazia do ser.

(6) Ver mais adiante: "A coleção".

sua data, de seu autor, de sua assinatura. O simples fato de que o objeto tenha pertencido a alguém célebre, poderoso, confere-lhe valor. A fascinação pelo objeto artesanal vem do fato deste ter passado pela mão de alguém cujo trabalho ainda se acha nele inscrito: é a fascinação por aquilo que foi *criado* (e que por isto é único, já que o *momento* da criação é irreversível). Ora, a procura do *traço criador,* da marca real à assinatura, é também a da filiação e da transcendência paterna. A autenticidade vem sempre do Pai: é ele a fonte do valor. E é esta filiação sublime que o objeto antigo suscita à imaginação ao mesmo tempo que a involução para o seio da mãe.

O síndrome neocultural:
A restauração

Esta procura de *autenticidade* (estar-fundado-em--si) é portanto exatamente a procura de um *alibi* (estar--alhures). Esclareceremos estas duas noções com um exemplo de restauração nostálgica hoje bem conhecido: "Como dar um jeito em sua ruína".

Eis como um arquiteto recupera por sua conta uma velha propriedade da "Ile-de-France": "Os muros apodrecidos pela falta de alicerces foram demolidos. A parte da primitiva granja, situada sobre a empena sul, foi suprimida para que se obtivesse o local de um terraço... Naturalmente foi preciso refazer as três espessas paredes. A ausência de umidade foi assegurada por um espaço de 0,70 m sob laje alcatroada no rés do chão... Nem a escada, nem a chaminé existiam na antiga construção... azulejos de Marseille, lajes de Clamart, telhas de Bourgogne, garagem no jardim, grandes portas-janelas... A cozinha como o banheiro é moderna 100%, etc." MAS: "O pombal em bom estado foi mantido na nova construção". MAS "preservou-se cuidadosamente da destruição a moldura de pedra da porta de entrada: as telhas e as pedras foram recolocadas" (*La Maison Française,* maio de 1963). Fotos mostram efetivamente o que resta da antiga propriedade após "ouvir o arquiteto e suas categóricas escolhas": três vigas e duas pedras. Mas sobre esta pedra, edificarei minha casa de campo. Sobre algumas destas pedras do pórtico, simbolicamente inaugurais, repousa como valor todo o edifício. São elas que desculpam o conjunto de todos os compromissos que a modernidade realiza com a natureza na intenção todavia inocente de lhe multiplicar o conforto. O arquiteto, como proprietário, construiu no fundo a casa moderna que almejava: mas a modernidade não basta para valorizar esta casa, para dela fazer uma "residência": é preciso ainda que o seja. Assim como uma igreja só se torna verdadeiramente sagrada caso nela se insiram alguns ossos ou relíquias, de igual forma o arquiteto só se sentirá em casa (no sentido impositivo de que só então terá realmente esconjurado qualquer coisa assim como uma angústia) se puder sentir, no coração de suas paredes novas, a presença ínfima, mas sublime, de uma pedra que testemunhe as gerações passadas. Pedras sem as quais o aquecimento a mazute e a garagem (encimada por um jardim alpino) não seriam, valha-nos Deus! aquilo que são: tristes necessidades do conforto. Não é unicamente a disposição funcional que se vê desculpada pela autenticidade dessas pedras mas em uma certa medida também o exotismo cultural da decoração secundária (embora "de muito bom gosto e de forma alguma se pretendendo rústica"): abajures de opalina, poltronas empalhadas por decorador, poltrona dálmata "presa outrora aos flancos de um asno", espelho romântico etc. As astúcias da má consciência cultural resultam mesmo em um curioso paradoxo: enquanto que a garagem se oculta sob um falso jardim alpino, a respeito do aquecedor de cama, acessório rústico, se diz que "de modo algum se acha onde está por causa da decoração e sim para ser usado"! "É utilizado no inverno"! No primeiro caso oculta-se a materialidade prática, no segundo esta qualidade prática é reinstaurada por uma acrobacia já que em uma casa aquecida a mazute o aquecedor de cama torna-se perfeitamente inútil. Mas então é mais verdadeiro, torna-se um simples signo cultural e este aquecedor cultural injustificado torna-se a imagem demasiado fiel de toda a futilidade desta casa como empreendimento de recuperação do estado de natureza — imagem demasiado fiel do próprio arquiteto que fundamentalmente nada tem a fazer aí, cuja existência social real acha-se inteiramente noutra parte, cujo *ser* também se acha e para quem a natureza constitui apenas luxo cultural: é bastante normal aliás quando se pode oferecê-lo mas ele não o compreende assim: se este aquecedor de cama não serve para nada então é unicamente um signo de riqueza, é da ordem do haver e do prestígio, não da ordem do ser. A seu respeito portanto se dirá que serve para alguma coisa enquanto os objetos realmente úteis como o aquecimento a mazute ou a garagem são cuidadosamente camuflados feito uma tara indelével no seio de tal natureza. O esquentador de cama é pois justamente mitológico, aliás a casa inteira o é (embora em um plano diverso, totalmente real e funcional já que responde ao desejo bem preciso de conforto e de ar puro). Se, em lugar de arrasar a antiga residência e sobre o solo construir outra em função do conforto, o arquiteto preferiu salvar a pedra e a viga, é que a funcionalidade refinada e impecável de sua casa de campo fora por ele vivida como inautêntica, não o satisfazendo profundamente.

O homem não se acha "em casa" no meio funcional, ele tem necessidade, como se tinha da lasca de madeira do Santo Lenho que santificava a igreja, de um talismã, de um detalhe de realidade absoluta e que esteja no coração do real, inserido no real para o justificar. Tal é o objeto antigo, que se reveste sempre, no seio do meio ambiente, de um valor de célula-mãe. Através dele o ser disperso se identifica com a situação original e ideal do embrião, involui para a situação microcósmica e central do ser antes do seu nascimento. Estes objetos fetichizados pois não são nem acessórios nem simplesmente signos culturais entre outros: simbolizam uma transcendência interior, o fantasma de um núcleo de realidade de que vive toda a consciência mitológica e individual — fantasma da projeção de um detalhe que vem a ser o equivalente do eu e através do qual se organiza o resto do mundo. Fantasma sublime da autenticidade que conduz sempre para aquém da

realidade (*sub limina*). Assim como a relíquia[7] da qual
seculariza a função, o objeto antigo reorganiza o mundo
de um modo constelado, oposto à organização funcional
em extensão, e visando preservá-lo desta irrealidade profunda, essencial sem dúvida, do foro íntimo. Simbólica
do esquema de inscrição do valor num círculo fechado
e num tempo perfeito, o objeto mitológico não é mais
um discurso para os outros mas para si mesmo. Ilhas
e lendas, tais objetos devolvem, para aquém do tempo,
o homem a sua infância, quando não a uma anterioridade mais profunda ainda, a de um pré-nascimento em
que a subjetividade pura se metamorfoseia livremente
na ambiência e em que esta ambiência é tão somente
o discurso do ser para consigo mesmo.

Sincronia, Diacronia, Anacronia

Tais objetos formam, no meio ambiente privado,
uma esfera ainda mais privada: são menos objetos de
posse que de intercessão simbólica, como os ancestrais
— pois os ancestrais são "privadíssimos". São evasão
da cotidianidade, e a evasão não é nunca tão radical
quanto no tempo,[8] nunca tão profunda quanto na própria infância. Talvez haja nesta evasão metafórica não
importa que espécie de sentimento estético, mas a obra
de arte enquanto tal requer uma leitura racional: já o
objeto antigo não tem exigência de leitura, é "lenda"
uma vez que é antes seu coeficiente mítico e de autenticidade que o designa. Épocas, estilos, modelos ou séries, preciosos ou não, verdadeiros ou falsos, nada disso
muda a especificidade vivida: ele não é nem verdadeiro,
nem falso, é "perfeito" — não é nem interior, nem
exterior, é um *"alibi"* — não é nem sincrônico nem
diacrônico (não se insere nem em uma estrutura ambiente nem em uma temporal), é *anacrônico* — não é,
em relação àquele que o possui, nem o atributo de um

---

(7) A relíquia significa assim a possibilidade de encerrar a pessoa de Deus ou a alma dos mortos em um objeto. E não há relíquia sem relicário. O valor "desliza" da relíquia para o relicário, que é de ouro, assinala de forma clara o valor do autêntico e torna-se desse modo simbolicamente mais eficaz.

(8) O turismo desdobra-se portanto sempre na procura do tempo perdido.

verbo ser, nem o objeto de um verbo ter, mas concerne na verdade à categoria gramatical do objeto interno, que declina quase tautologicamente a substância do verbo.

O objeto funcional é ausência de ser. A realidade constitui-lhe empecilho para a regressão a esta dimensão "perfeita" de onde somente tem que proceder para ser. Por isso apresenta-se tão pobre: é que, quaisquer que sejam seu valor, suas qualidades, seu prestígio, ele é e permanece configurativo da perda da imagem do Pai e da Mãe. Rico de funcionalidade e de significação pobre, refere-se à atualidade e se esgota na cotidianidade. O objeto mitológico, de funcionalidade minimal e de significação maximal, refere-se à ancestralidade, ou mesmo à anterioridade absoluta da natureza. No plano vivido, tais postulações contraditórias coexistem no interior do mesmo sistema como complementares. É assim que o arquiteto possui a um só tempo o aquecimento a mazute e o aquecedor rústico de cama. Alhures coexistirão o mesmo livro em formato de bolso e em edição rara ou antiga, a máquina de lavar elétrica e o velho batedor de roupa, o armário embutido funcional incorporado à parede e o baú espanhol posto em evidência,[9] complementaridade ilustrada em seu ponto limite pela dupla propriedade, hoje em dia comum: apartamento de cidade — casa de campo.[10]

Este duelo de objetos é no fundo um duelo de consciência: assinala uma carência e a tentativa de preenchê-la de modo regressivo. Em uma civilização onde *sincronia* e *diacronia* tendem a organizar um controle sistemático e exclusivo do real, aparece (tanto ao nível dos objetos quanto dos comportamentos e das estruturas

---

(9) Não procuremos correlações termo a termo: a divisão do campo funcional dos objetos modernos é diversa daquela dos objetos antigos. Por outro lado a funcionalidade dos últimos nesse caso somente atua como função abolida.

(10) Este desdobramento do velho lar único em residência principal e residência secundária, em *habitat* funcional e *habitat* "naturalizado" é sem dúvida a mais clara ilustração do processo sistemático: o sistema se duplica para se equilibrar sobre termos formalmente contraditórios e no fundo complementares. Tal fato atua sobre o conjunto da cotidianidade na estrutura trabalho-lazer, onde o lazer não é de forma alguma superação nem mesmo uma saída para a vida ativa, mas onde um mesma cotidianidade se desdobra para poder, para além das contradições reais, estabelecer-se como sistema coerente e definitivo. O processo é certamente menos visível ao nível dos objetos isolados, mas dá-se que cada objeto-função é desta forma suscetível de se desdobrar, *de se opor assim formalmente a si mesmo para melhor se integrar no conjunto*.

sociais) uma terceira dimensão, que vem a ser a da *anacronia*. Testemunhando um relativo fracasso do sistema, esta dimensão regressiva encontra assim mesmo refúgio nele, ao qual paradoxalmente permite funcionar.

A projeção inversa:
O objeto técnico nos primitivos

Esta coexistência equívoca do moderno funcional e da "decoração" antiga só aparece evidentemente num determinado estágio de desenvolvimento econômico, de produção industrial e de saturação prática do meio ambiente. As camadas sociais menos favorecidas (camponeses, operários), os "primitivos" não têm o que fazer com o velho e aspiram ao funcional. Todavia os dois processos têm alguma relação: quando o "selvagem" se precipita sobre um relógio ou uma caneta, simplesmente porque é um objeto "ocidental", sentimos aí uma espécie de absurdo cômico: ele não dá ao objeto o seu sentido, apropria-se dele vorazmente: relação infantil e ilusão de domínio. O objeto não tem mais função e sim uma virtude: é um signo. Mas não se trata do mesmo processo de aculturação impulsiva e de apropriação mágica que impele os "civilizados" para as madeiras do século XVI ou para os ícones? Aquilo que ambos, o "selvagem" e o "civilizado", captam sob a forma de objeto, é uma "virtude", um, sob caução de modernidade técnica, o outro, de ancestralidade. Contudo esta "virtude" aqui e lá não é a mesma. Nos "subdesenvolvidos" é a imagem do Pai como *poder* que se reclama (na circunstância presente, o poder colonial[11]). No "civilizado" nostálgico, é a imagem do Pai como *nascimento* e valor. Mito projetivo em um caso, mito involutivo no outro. Mito de domínio, mito de origem: sempre aquilo que falta ao homem se acha investido no objeto — com o "subdesenvolvido" o domínio é que é fetichizado no objeto técnico, com o "civilizado" técnico

(11) Na criança também os objetos ambientes provêm primeiro do Pai (e da mãe fálica nos primeiros anos). A apropriação dos objetos é apropriação do domínio do Pai. (R. Barthes assinala isto para o carro, *Réalités*, outubro de 1963.) Seu uso segue o processo de identificação com o Pai, com todos os conflitos daí decorrentes: é sempre ambíguo e mesclado de agressividade.

é o nascimento e a autenticidade que se acham no objeto mitológico.

Dito isto, o fetichismo é o mesmo: em caso extremo, todo objeto antigo é belo *simplesmente porque sobreviveu e devido a isso torna-se o signo de uma via anterior*. É a ansiosa curiosidade por nossas origens que justapõe aos objetos funcionais, signos de nosso domínio atual, os objetos mitológicos, signos de um reinado anterior. Pois queremos a um só tempo pertencer apenas a nós mesmos e pertencer a um outro qualquer: suceder ao Pai, proceder do Pai. Entre o projeto prometeano de reorganizar o mundo e substituir o Pai, e aquele de descender pela graça da filiação de um ser original, o homem talvez jamais será capaz de escolher. Os próprios objetos testemunham esta ambigüidade indecisa. Alguns são mediação do presente, outros mediação do passado e o valor destes é o da carência. Os objetos antigos são como que precedidos por uma partícula e sua nobreza hereditária compensa a dessuetude precoce dos objetos modernos. Outrora os anciãos eram belos porque estavam "mais próximos de Deus", eram mais ricos de experiência. Hoje a civilização tecnicista nega a sabedoria dos anciãos, mas se inclina diante da densidade das coisas velhas, cujo único valor acha-se selado e seguro.

O mercado do antigo

Há nisto mais que um simples prurido cultural de esnobismo e de prestígio, tal como o descreve por exemplo Vance Packard em *Les obsédés du standing*: as pessoas elegantes de Boston enfarpelam suas janelas com velhos vidros de reflexos violáceos: "Os defeitos de tais vidraças são vivamente apreciados pois o vidro provém de um carregamento de qualidade inferior expedido para a América por vidreiros ingleses há mais de três séculos" (p. 67). Ou então "quando um suburbano aspira à classe média superior, compra antiguidades, símbolo de antiga posição social que torna acessível uma fortuna recente" (p. 67). Em suma: se o prestígio social pode se traduzir de mil maneiras (carro, casa de campo moderna, etc.) por que prefere se fazer significativo por meio do passado?[12] Todo valor adquirido tende a se transformar em valor hereditário, em graça recebida. Mas como o sangue, o nascimento e os títulos perderam valor ideológico, são os signos materiais que vão ter que significar a transcendência: móveis, objetos, jóias, obras de arte de todos os tempos e de todos os lugares. Em nome de que toda uma floresta de signos e de ídolos "de referência" (autênticos ou não, isto não tem importância), toda uma vegetação mágica de móveis verdadeiros ou de falsos, manuscritos e ícones, invade o mercado. O passado inteiro volta ao circuito do consumo; e mesmo a uma espécie de câmbio negro. Todas as Novas Hébridas, a Espanha romana e os mercados de quinquilharias já não bastam para alimentar a voracidade primitivista e nostálgica dos interiores burgueses do mundo ocidental. Cada vez mais estátuas da virgem ou de santos, quadros, desaparecem dos museus, das igrejas. São comprados no câmbio negro por ricos proprietários de residências novas demais para sua profunda satisfação. Enfim, paradoxo cultural mas verdade econômica: apenas a contrafação ainda pode satisfazer esta sede de "autenticidade".

O neo-imperialismo cultural

Trata-se no fundo do mesmo imperialismo a que se submete a natureza por meio dos objetos técnicos e se domesticam as culturas por meio dos objetos antigos. É o mesmo imperialismo privado que reúne à volta de si um meio funcionalmente domesticado e os signos domesticados do passado, objetos-ancestrais, de essência sagrada mas dessacralizada e dos quais se exige que deixem transparecer sua sacralidade (ou historicidade) em uma domesticidade sem história.

Assim o passado inteiro como repertório de formas de consumo junta-se ao repertório das formas atuais a fim de constituir como que uma esfera transcendente da moda.

(12) Cada vez mais certamente conforme se é elevado na escala social, todavia de forma extremamente rápida a partir de um certo *standing* e de uma "aculturação urbana" mínima.

2. O SISTEMA MARGINAL: A COLEÇÃO

Littré dá, entre outras acepções do objeto, esta: "tudo aquilo que é a causa, o alvo de uma paixão. Figurado e por excelência: o objeto amado."

Admitamos que nossos objetos cotidianos sejam com efeito os objetos de uma paixão, a da propriedade privada, cujo investimento afetivo não fica atrás em nada àquele das paixões humanas, paixão cotidiana que freqüentemente prevalece sobre todas as outras, que por vezes reina sozinha na ausência das outras. Paixão temperada, difusa, reguladora, cuja importância no equilíbrio vital do indivíduo e do grupo, na própria decisão de viver pouco conhecemos. Os objetos nesse sentido são, fora da prática que deles temos, num dado momento, algo diverso, profundamente relacionado com o indivíduo, não unicamente um corpo material que resiste, mas uma cerca mental onde reino, algo de que sou o sentido, uma propriedade, uma paixão.

O objeto abstraído de sua função

Se utilizo o refrigerador com o fim de refrigeração, trata-se de uma mediação prática: não se trata de um objeto, mas de um refrigerador. Nesta medida não o possuo. A posse jamais é a de um utensílio, pois este me devolve ao mundo, é sempre a de um objeto *abstraído de sua função e relacionado ao indivíduo*. Neste nível todos os objetos possuídos participam da mesma *abstração* e remetem uns aos outros na medida em que somente remetem ao indivíduo. Constituem-se pois em sistema graças ao qual o indivíduo tenta reconstituir um mundo, uma totalidade privada.

Todo objeto tem desta forma duas funções: uma que é a de ser utilizado, a outra a de ser possuído. A primeira depende do campo de totalização prática do mundo pelo indivíduo, a outra um empreendimento de totalização abstrata realizada pelo indivíduo sem a participação do mundo. Estas duas funções acham-se na razão inversa uma da outra. Em última instância, o objeto estritamente prático toma um estatuto social: é a máquina. Ao contrário, o objeto puro, privado de função ou abstraído de seu uso, toma um estatuto estritamente subjetivo: torna-se objeto de coleção. Cessa de ser tapete, mesa, bússola ou bibelô para se tornar "objeto". Um "belo objeto" dirá o colecionador e não uma bela estatueta. Quando o objeto não é mais especificado por sua função, é qualificado pelo indivíduo: mas nesse caso todos os objetos equivalem-se na posse, esta abstração apaixonada. Um apenas não lhe basta: trata-se sempre de uma sucessão de objetos, num grau extremo, de uma série total que constitui seu projeto realizado. Por isso a posse de um objeto, qualquer que seja, é sempre a um só tempo tão satisfatória e tão decepcionante: toda uma série a prolonga e a perturba. Dá-se mais ou menos a mesma coisa no plano sexual: se a relação amorosa visa o ser na sua singularidade, a posse amorosa enquanto tal satisfaz-se somente em uma sucessão de objetos ou na repetição do mesmo ou ainda na suposição de todos. Só uma organização mais ou menos complexa de objetos que se relacionem uns com os outros constitui cada objeto em uma abstração suficiente para que possa ele ser recuperado pelo indivíduo na abstração vivida que é o sentimento de posse.

Esta organização é a coleção. O meio habitual conserva um estatuto ambíguo: nele o funcional desfaz-se continuamente no subjetivo, a posse mistura-se ao uso, em um empreendimento sempre carente de total integração. A coleção, ao contrário, pode nos servir de modelo pois é nela que triunfa este empreendimento apaixonado de posse, nela que a prosa cotidiana dos objetos se torna poesia, discurso inconsciente e triunfal.

O objeto-paixão

"O gosto pela coleção", diz Maurice Rheims, "é uma espécie de jogo passional" (*La Vie étrange des objets*, p. 28). Com a criança é o modo mais rudimentar de domínio do mundo exterior: arranjo, classificação, manipulação. A fase ativa de colecionamento parece situar-se entre sete e doze anos, no período de latência entre a pré-puberdade e a puberdade. O gosto pela coleção tende a desaparecer com a eclosão pubertária para ressurgir algumas vezes logo depois. Mais tarde, são os homens de mais de quarenta anos que freqüentemente são tomados por esta paixão. Enfim, uma relação com a conjuntura sexual é visível por toda a parte; a coleção aparece como uma compensação poderosa por ocasião das fases críticas da evolução sexual. É sempre própria de uma sexualidade genital ativa mas não a substitui pura e simplesmente. Constitui, em relação a esta, uma regressão ao estado anal que se traduz por condutas de acumulação, ordem, retenção agressiva etc. A conduta de colecionamento não equivale a uma prática sexual, não visa a uma satisfação pulsional (como o fetichismo), contudo pode chegar a uma satisfação reacional igualmente intensa. No caso o objeto toma inteiramente o sentido do objeto amado. "A paixão pelo objeto leva a considerá-lo como algo criado por Deus: um colecionador de ovos de porcelana acha que Deus jamais criou forma tão bela nem mais singular e que a imaginou unicamente para alegria dos colecionadores..." (M. Rheims, p. 33.) "Sou louco por este objeto", declaram e todos, sem exceção, ainda que não intervenha a perversão fetichista, conservam à volta de sua coleção um ambiente de clandestinidade, de seqüestro, de segredo e de mentira que apresenta todas as características de uma relação culposa. É este jogo apaixonado que constitui o sublime desta conduta regressiva e justifica a opinião segundo a qual todo indivíduo que não coleciona alguma coisa não passa de um cretino e um pobre destroço humano."[1]

O colecionador não é sublime portanto pela natureza dos objetos que coleciona (variando este com a idade, a profissão, o meio social), mas pelo seu fanatismo. Fanatismo idêntico tanto no rico amador de miniaturas persas como no colecionador de caixas de fósforos. Nesta qualidade, a distinção que se faz entre o amador e o colecionador, o último amando os objetos em função de sua ordem em uma série, e o outro por seu encanto diverso e singular, não é decisiva. O prazer, tanto em um como no outro, vem do fato de a posse jogar, de um lado com a singularidade absoluta de cada elemento, que nela representa o equivalente de um ser e no fundo do próprio indivíduo — de outro, com a possibilidade da série, e portanto da substituição indefinida e do jogo. Quintessência qualitativa, manipulação quantitativa. Se a posse é feita da confusão dos sentidos (mão, olho), de intimidade com um objeto privilegiado, é igualmente toda feita de procura, de ordem, de jogo e de agrupamento. Para se falar claro, existe aí um perfume de harém em que todo o encanto é o da série na intimidade (todavia com um termo privilegiado) e o da intimidade na série.

(1) M. Fauron, presidente dos colecionadores de anéis de charutos (revista *Liens* do Clube francês do Livro, maio de 1964).

Dono de um serralho secreto, o homem é por excelência senhor no seio de seus objetos. Nunca a relação humana, que é o campo do único e do conflituoso, permite esta fusão da singularidade absoluta e da série indefinida: daí ser ela fonte contínua de angústia. O campo dos objetos, ao contrário, que é o dos termos sucessivos e homólogos, é tranqüilizador. A preço, bem entendido, de uma astúcia irreal, de abstração e regressão, mas que interessa. "O objeto, diz Maurice Rheims, é para o homem como uma espécie de cachorro insensível que recebe as carícias e as restitui à sua maneira, ou antes as devolve como espelho fiel, não às imagens reais, mas às desejadas" (p. 50).

O mais belo animal doméstico

A imagem do cachorro é adequada: os animais caseiros constituem uma espécie intermediária entre os seres e os objetos. Cachorros, gatos, pássaros, tartaruga ou canário, sua presença patética é o indício de um fracasso da relação humana e do recurso a um universo doméstico narcisista em que a subjetividade então se realiza na maior quietude. Observemos de passagem que tais animais não são sexuados (muitas vezes castrados para o uso doméstico), são tão privados de sexo, apesar de vivos, quanto os objetos; é a esse preço que eles podem ser afetivamente tranqüilizadores, é ao preço de uma castração real ou simbólica que podem desempenhar junto ao proprietário o papel de regulador da angústia de castração, — papel que desempenham eminentemente também todos os objetos que nos rodeiam, pois o objeto é o animal doméstico perfeito. É o único "ser" cujas qualidades exaltam minha pessoa ao invés de a restringir. No plural os objetos são os únicos existentes cuja coexistência é verdadeiramente possível, pois suas diferenças não os dirigem uns contra os outros, como é o caso nos seres vivos, mas convergem docilmente para mim e se adicionam sem dificuldades à consciência. O objeto é aquilo que melhor se deixa "personalizar" e contabilizar de uma só vez. E para uma contabilidade subjetiva dessa natureza não existe nada de exclusivo, qualquer um pode ser possuído, investido, ou, dentro do jogo colecionador, ordenado, classificado, distribuído. O objeto é assim, no seu sentido estrito, realmente um espelho: as imagens que devolve podem apenas se suceder sem se contradizer. É um espelho perfeito já que não emite imagens reais, mas aquelas desejadas. Enfim, trata-se de um cachorro do qual restaria apenas a fidelidade. E posso vê-lo sem que me veja. *Eis por que os objetos são investidos de tudo aquilo que não pôde sê-lo na relação humana.* Eis por que o homem a eles regressa de tão bom grado para neles se "recolher". Mas não nos deixemos enganar por esse recolhimento e por toda uma literatura enternecida com objetos inanimados. Este recolhimento é regressão, esta paixão, fuga apaixonada. Sem dúvida os objetos desempenham um papel regulador na vida cotidiana, neles são abolidas muitas neuroses, anuladas muitas tensões e aflições, é isto que lhes dá uma "alma", é isto o que os torna "nossos", mas é também isto que faz deles o cenário de uma mitologia tenaz, cenário ideal de um equilíbrio neurótico.

Um jogo serial

Contudo esta mediação é pobre: como pode a consciência deixar-se prender por ela? É então que funciona a astúcia da subjetividade: o objeto possuído jamais é uma mediação pobre. Sempre é de uma singularidade absoluta. Não de fato: a posse do objeto "raro", "único", é evidentemente o fim ideal da apropriação; mas de um lado a prova de que tal objeto é único jamais será dada em um mundo real, de outro, a subjetividade sai-se muito bem sem isso. A qualidade específica do objeto, seu valor de troca, depende do domínio cultural e social. Sua singularidade absoluta ao contrário lhe vem do fato de ser possuído por mim — o que me permite nele reconhecer-me como ser absolutamente singular. Tautologia majestosa, mas que constitui toda a densidade da relação com os objetos, sua facilidade derrisória, sua ilusória mas intensa gratificação.[2] Melhor ainda: esse circuito fechado pode reger também a

---

(2) Mas também sua decepção, ligada ao caráter tautológico do sistema.

relação humana (embora menos facilmente) mas aquilo que é impossível a um nível intersubjetivo é possível aqui: tal objeto jamais se opõe à multiplicação do mesmo processo de projeção narcisista em um número indefinido de objetos, ele ao contrário a impõe, consentindo por este meio em um envolvimento total, em uma totalização de imagens de si, que vem a ser exatamente o milagre da coleção. Pois colecionamos sempre a nós mesmos.

Compreendemos melhor assim a estrutura do sistema possessivo: a coleção é feita de uma sucessão de termos, mas seu termo final é a pessoa do colecionador. Reciprocamente, este se constitui como tal somente ao ser sucessivamente substituído por cada termo da coleção. Nós reencontramos uma estrutura homóloga, no plano sociológico, no sistema do modelo e da série. Aqui como lá constatamos que série ou coleção são constitutivos da posse do objeto, vale dizer, da integração recíproca do objeto e da pessoa.[3]

Da quantidade à qualidade:
O objeto único

Poder-se-ia objetar a essa hipótese a paixão precisa do amador por este ou aquele objeto. Mas é claro que o objeto único é precisamente apenas o termo final em que se resume toda a espécie, o termo privilegiado de todo um paradigma (virtual, encoberto, subentendido, pouco importa) que em suma é o emblema da série.

La Bruyère, nos seus retratos em que ilustra a curiosidade como paixão, descreve-nos um colecionador de gravuras: "Tenho, diz este, uma grande mágoa que me obrigará a renunciar às gravuras pelo resto de meus dias: possuo todo Callot, exceto um, que, na verdade,

(3) A série é quase sempre uma espécie de jogo que permite privilegiar um dos termos e constituí-lo como modelo. Uma criança lança tampas de garrafa. Qual acertará no alvo? Não se trata de um acaso se finalmente for sempre a mesma: aquela pela qual mostrou preferência. Este modelo, esta hierarquia que inventa, é ela: identifica-se, não com uma das tampas mas com o fato de esta acertar a cada momento. Mas tem também bem presente cada uma das tampas como termo não determinado de oposição: lançá-las uma a uma é jogar, constituir-se em série para se constituir como modelo: a que ganha. Desta forma se aclara a psicologia do colecionador: ao colecionar objetos privilegiados é ainda ele o objeto que acerta sempre no alvo.

não é uma de suas melhores obras. Ao contrário, é uma das menores, mas que me completaria Callot. Trabalho há vinte anos para recuperar esta gravura e começo a perder as esperanças de vir a possuí-la: é muito duro!" Sente-se aqui com uma evidência aritmética a equivalência vivida entre toda a série menos um e o seu último termo ausente.[4] Este, sem o qual a série nada seria, a resume simbolicamente: adquire então uma qualidade estranha, quintessência de todo o escalonamento quantitativo. Trata-se de um objeto único, determinado por sua posição final e dando assim a ilusão de uma finalidade particular. É assim mesmo aliás, mas vemos que não cessou de atingir a qualidade pela quantidade e que o valor concentrado neste único significante vem a ser de fato aquele que corre ao longo da cadeia dos significantes intermediários do paradigma. É aí que se poderia falar de simbolismo do objeto, no sentido etimológico (*symbolein*) quando se resume uma cadeia de significações em um só de seus termos. O objeto é símbolo, não de qualquer instância ou valor exterior mas antes de tudo, da série completa de objetos da qual é o termo (ao mesmo tempo que da pessoa da qual é o objeto).

O exemplo de La Bruyère faz aparecer ainda uma regra que é a de que o objeto somente se reveste de valor excepcional na ausência. Não se trata apenas de um efeito resultante da cobiça. *É preciso se perguntar se a coleção foi feita para ser completada,* e se a ausência não desempenha um papel essencial, positivo aliás, já que a ausência é aquilo pelo qual o indivíduo adquire obietivamente o controle de si: enquanto a presença do objeto final significaria no fundo a morte do indivíduo, a ausência deste termo lhe permite apenas desempenhar sua própria morte figurando-a em um objeto, vale dizer, conjurando-a. Esta ausência é vivida como sofrimento mas é também a ruptura que permite escapar ao arremate da coleção que significaria a elisão definitiva da realidade. Felicitemos pois o amador de La Bruyère por não ter encontrado seu último Callot pelo qual teria deixado de ser o homem vivo e apaixonado que em suma ainda era. E acrescentamos que o delírio começa

---

(4) Podendo cada termo da série se tornar o termo final: cada Callot pode ser aquele que "completará Callot".

aí onde a coleção se torna a fechar e deixa de ser orientada por este termo ausente.

Outra anedota pode servir de exemplo a este respeito (narrada por Maurice Rheims). Um bibliófilo possuidor de exemplares únicos tem um dia conhecimento de que uma livraria pôs à venda em New York exemplar idêntico àquele que possui. Corre e adquire o livro, convoca um porteiro para queimar na sua presença o segundo exemplar e fazer constar por escrito a destruição. Isso feito, insere o pronunciamento no volume tornado único e adormece tranqüilo. Há portanto aqui negação da série? Só aparentemente pois em verdade o exemplar único achava-se impregnado com o valor de todos os exemplares virtuais e o bibliófilo, ao destruir o outro, nada mais fez que restabelecer a integridade do símbolo comprometido. Negada, esquecida, destruída, virtual, a série acha-se sempre aí. No menos importante dos objetos cotidianos como no mais transcendente dos objetos raros, ela alimenta a propriedade e o jogo passional. Sem ela não haveria jogo possível, nem posse e tampouco, rigorosamente falando, objeto. O objeto verdadeiramente único, absoluto, de tal forma que se apresente sem antecedente, sem dispersão em qualquer série, é impensável. Não existe, tal como não existe som puro. E da mesma forma que as séries harmônicas conduzem o som à sua qualidade percebida, assim também as séries paradigmáticas mais ou menos complexas conduzem os objetos à sua qualidade simbólica ao mesmo tempo que no campo da relação humana de domínio e de jogo.

**Objetos e hábitos:
O relógio de pulso**

Cada objeto está a meio caminho entre uma especificidade prática, sua função, que é como seu discurso manifesto, e a absorção em uma série/coleção, onde se torna termo de um discurso latente, repetitivo, o mais elementar e o mais tenaz dos discursos. Este sistema discursivo dos objetos é homólogo àquele dos hábitos.[5]

(5) O objeto torna-se aliás imediatamente suporte de uma rede de hábitos, ponto de cristalização de rotinas do comportamento. Inver-

O hábito é descontinuidade e repetição (e não continuidade como o emprego sugere). É pela divisão do tempo em nossos esquemas "habituais" que solucionamos o que pode ter de angustiante sua continuidade e a singularidade absoluta dos eventos. Da mesma forma é pela integração descontínua nas séries que dispomos dos objetos, que os possuímos. Este é o próprio discurso da subjetividade e os objetos são um seu registro privilegiado — interpondo entre o devir irreversível do mundo e nós uma tela descontínua, classificável, reversível, repetitiva, área do mundo que nos pertence, dócil à mão e ao espírito, fazendo cessar a angústia. Os objetos não nos auxiliam apenas a dominar o mundo por sua inserção nas séries instrumentais — auxiliam-nos também, por *sua inserção nas séries mentais,* a dominar o tempo, tornando-o descontínuo, classificando-o do mesmo modo que os hábitos, submetendo-o às mesmas forças de associação que regem o arranjo no espaço.

O relógio de pulso é um bom exemplo desta função descontínua e "habitual".[6] Resume o duplo modo pelo qual vivemos os objetos. De uma parte nos informa sobre o tempo objetivo: ora, a exatidão cronométrica é a própria dimensão das pressões de ordem prática, da exterioridade social e da morte. Mas ao mesmo tempo que nos submete a uma temporalidade irredutível, o relógio de pulso enquanto objeto nos auxilia a nos apropriarmos do tempo. Assim como o veículo "devora" os quilômetros, o objeto-relógio devora o tempo.[7] Substantivando-o e dividindo-o, faz dele um objeto consumido. Não é mais esta dimensão perigosa da *praxis*: é uma quantidade domesticada. Não somente o fato de se saber a hora, mas o fato de, através de um objeto que é seu, "possuí-la", tê-la continuamente registrada perante si, tornou-se um alimento fundamental do civilizado: uma segurança. O tempo não se acha

samente, talvez não exista hábito que não gire ao redor de um objeto. Uns e outros envolvem-se inextricavelmente na existência cotidiana.

(6) É por outro lado significativo — quando se pensa na desaparição do relógio de parede — de uma tendência irreversível dos objetos modernos: miniaturização e individualização.
É ele além disso o mais antigo, o menor, o mais próximo e o mais precioso dos mecanismos individuais. Talismã mecânico íntimo e fortemente carregado de valores afetivos, objeto de uma cumplicidade cotidiana, de fascinação (na criança), de ciúme.

(7) É a exatidão que é aqui o equivalente da rapidez no espaço: é preciso devorar o tempo da forma mais precisa.

mais na casa, no coração pulsátil do relógio de parede, acha-se todavia, no relógio de pulso, registrado com a mesma satisfação orgânica da regularidade de uma víscera. Através do relógio de pulso, o tempo destaca-se como a própria dimensão de minha objetivação e ao mesmo tempo como bem doméstico. Não importa aliás qual objeto suportaria esta análise da recuperação da própria dimensão da pressão objetiva: o relógio de pulso pela sua relação direta com o tempo vem a ser simplesmente o exemplo mais objetivo disso.

O objeto e o tempo:
O ciclo dirigido

A problemática temporal é essencial à coleção. "Um fenômeno que acompanha freqüentemente a paixão do colecionador, diz M. Rheims, é a perda do sentimento do tempo atual" (p. 42). Mas trata-se unicamente de uma evasão nostálgica? Aquele que se identifica com Luís XVI até nos pés de suas poltronas ou se toma de paixão pelas tabaqueiras do século XVI, escapa certamente ao tempo presente por uma referência histórica. Mas esta referência é aqui secundária em relação à sistemática vivida da coleção. O profundo poder dos objetos colecionados não lhes vem com efeito nem de sua singularidade nem de sua historicidade diversa, não é por este meio que o tempo da coleção deixa de ser o tempo real, é *pelo fato de a própria organização da coleção substituir o tempo*. Sem dúvida acha-se aí a função fundamental da coleção: solucionar o tempo real em uma dimensão sistemática. O gosto, a curiosidade, o prestígio, o discurso social podem levá-la a uma relação maior (que jamais ultrapassará um grupo de iniciados), de qualquer forma ela é primeiro, no sentido literal do termo, um "passatempo" pois que simplesmente o abole. Ou antes: inventariando o tempo em termos fixos com os quais pode jogar reversivelmente, a coleção representa o perpétuo reinício de um ciclo dirigido onde o homem se entrega a cada instante e com absoluta segurança — partindo não importa de que termo e seguro de a ele voltar — ao jogo do nascimento e da morte.

Eis por que o meio ambiente dos objetos privados e a sua posse — onde a coleção constitui o ponto extremo — é uma dimensão da nossa vida tão essencial quão imaginária. Tão essencial quanto os sonhos. Tem-se dito que se fosse possível impedir experimentalmente alguém de sonhar, rapidamente surgiriam complicações psíquicas graves. É certo que, caso se pudesse privar alguém desta evasão-regressão no jogo possessivo, se alguém fosse impedido de ter o seu próprio discurso dirigido, de se declinar a si mesmo fora do tempo por meio dos objetos, o desequilíbrio seria também imediato. Nós não podemos viver na singularidade absoluta, na irreversibilidade cujo momento do nascimento é o signo. É esta irreversibilidade do nascimento para a morte que os objetos nos auxiliam a resolver.

Tal equilíbrio é, bem entendido, neurótico e este recurso contra a angústia, regressivo, já que o tempo é objetivamente irreversível e que mesmo os objetos que têm por função preservar-nos dele são por ele conduzidos, vale dizer, o mecanismo de defesa descontínuo ao nível dos objetos é sempre colocado em questão uma vez que o mundo e os homens são contínuos. Mas pode-se falar de normalidade ou de anomalia? O refúgio em uma sincronia fechada pode ser qualificado de negação do real e de fuga caso se considere que o objeto acha-se investido daquilo que "deveria" existir na relação humana — mas seu imenso poder regulador existe a este preço. Eles acham-se em vias de se tornar, hoje quando se atenuam as instâncias religiosas e ideológicas, a consolação das consolações, a mitologia cotidiana que absorve a angústia do tempo e da morte.

Deixemos de lado aqui a mitologia espontânea que quer que o homem ou se prolongue ou sobreviva nos *seus objetos*. O processo-refúgio não é o de imortalidade, de perpetuidade, de sobrevivência em um *objeto-reflexo* (no qual o homem essencialmente nunca acreditou), mas sim um jogo mais complexo de "reciclagem" do nascimento e da morte em um *sistema de objetos*. O que o homem encontra nos objetos não é a garantia de sobreviver, *é a de viver a partir de então continuamente em uma forma cíclica e controlada o processo de sua existência e de ultrapassar assim sim-*

bolicamente esta existência real cujo acontecimento irreversível lhe escapa.

Não estamos aqui longe da bola através da qual a criança (na análise de Freud), ao fazê-la desaparecer e reaparecer, vive alternadamente a ausência e a presença da mãe — *fort-da-fort-da* * — e responde à angústia da ausência pelo ciclo indefinido de reaparição da bola. Distingue-se bem aí a implicação simbólica do jogo na série e se poderia então dizer para resumir: *o objeto é aquilo pelo qual estamos enlutados* — e é nesse sentido que representa nossa própria morte mas superada (simbolicamente) pelo fato de o possuirmos, pelo fato de que ao introjetá-lo em um trabalho de luto, vale dizer, ao integrá-lo em uma série onde "trabalha" para que seja relançada continuamente de forma cíclica esta ausência e sua reaparição fora dela, solucionamos o evento angustiante da ausência e da morte real. Praticamos a partir de então na vida cotidiana, graças aos objetos, este trabalho de luto sobre nós mesmos e isso nos permite viver, de forma regressiva certamente, mas viver. O homem que coleciona está morto, mas sobrevive literalmente em uma coleção que, a partir desta vida, repete-o indefinidamente para além da morte, *ao integrar a própria morte na série e no ciclo.* Aqui poderia ser retomada a analogia com os sonhos: se cada objeto é, por sua função (prática, cultural, social), a mediação de um *voto,* é também, como termo entre outros do jogo sistemático que acabamos de descrever, o expoente de um *desejo.* Sendo este aquilo que faz se mover — na cadeia indefinida dos significantes — a repetição ou substituição indefinida de si mesmo através da morte e para além dela. E é um pouco por compromisso igual que, se os sonhos têm por função assegurar a continuidade do sono, os objetos asseguram a continuidade da vida.[8]

(*) *Fort* (embora) *da* (aqui). Citado em alemão do texto de Freud e podendo significar também apenas balbucio. (N. da T.)

(8) Que a coleção seja um jogo com a morte (uma paixão) e nesta qualidade simbolicamente mais forte que a própria morte é ilustrado de maneira divertida pela história de Tristan Bernard: Um homem fazia coleção de filhos: legítimos, ilegítimos, do primeiro, do segundo casamento, adotivos, encontrado, bastardo, etc. Um dia dá uma festa onde reúne todos eles. Um amigo cínico lhe diz então: "Falta um". O colecionador angustiado: "Qual?" "O filho póstumo". Diante do que o homem obsedado engravida a mulher e se suicida.

Encontra-se o mesmo sistema em estado puro, desembaraçado de elementos temáticos, no jogo de azar. Daí a fascinação ainda mai intensa que este exerce. É o puro além-túmulo que se acha indicado

O objeto seqüestrado:
O ciúme

Ao término desta marcha regressiva, a paixão pelos objetos acaba em puro ciúme. A posse satisfaz-se então profundamente com o valor que poderia ter o objeto para os outros e com os frustrar. Este complexo de ciúme, característico do fanatismo colecionador, orienta também, guardadas as devidas proporções, o simples reflexo de propriedade. É um poderoso esquema de sadismo anal que leva a seqüestrar a beleza para desfrutá-la a sós: esta conduta de perversão sexual difunde-se amplamente na relação com os objetos.

O que representa o objeto seqüestrado? (Seu valor objetivo é secundário, é sua reclusão que lhe dá encanto.) Se ninguém empresta o carro, a caneta, a mulher, é que esses objetos são, no ciúme, o equivalente narcisista do eu: se este objeto se perde ou se é deteriorado, é a castração. Ninguém empresta seu falo, eis o fundo da questão. O que o ciumento seqüestra e guarda consigo é, sob a efígie de um objeto, sua própria libido que procura conjurar em um sistema de reclusão — o mesmo sistema graças ao qual a coleção resolve a angústia da morte. Ele se castra a si mesmo na angústia de sua própria sexualidade, ou antes, previne por meio de uma castração simbólica — o seqüestro — a angústia de sua castração real.[9] É esta tentativa desesperada que constitui a horrível fruição do ciúme. Somos sempre ciumentos de nós mesmos. É a nós que guardamos e vigiamos. Somos nós de que usufruímos.

Esta fruição ciumenta destaca-se evidentemente de um fundo de decepção absoluta porque a regressão sistemática jamais encobre totalmente a consciência do mundo real e a falência de tal conduta. Dá-se o mesmo com a coleção: sua soberania é frágil, a soberania do mundo real ergue-se por trás dela e a ameaça continuamente. Mas a própria decepção faz parte do sistema. É ela, tanto quanto a satisfação, que o mobiliza — de-

aqui, a subjetividade pura investindo a série pura de poder imaginário, com a certeza de que ninguém tem o poder de introduzir no próprio seio das vicissitudes do jogo as condições reais da vida e da morte.

(9) Isto naturalmente vale também para os "animais de interior", e, por extensão, para o "objeto" da relação sexual, onde a manipulação do ciúme é da mesma ordem.

cepção que jamais remete ao mundo, mas a um termo ulterior, decepção e satisfação sucedendo-se no ciclo. É a esta decepção constitutiva que por vezes se deve o arrebatamento neurótico do sistema. A série gira mais e mais depressa sobre si mesma, as diferenças deterioram-se e o mecanismo de substituição se acelera. O sistema então pode chegar até a destruição que é autodestruição do indivíduo. M. Rheims cita o caso de tais violentas "mortes" de coleções, numa espécie de suicídio pela impossibilidade de jamais circunscrever a morte. No sistema do ciúme, não é raro que o indivíduo termine por destruir o objeto ou o ser seqüestrado devido a um sentimento de impossibilidade em conjurar totalmente a adversidade do mundo e de sua própria sexualidade. Acha-se aí o fim lógico e ilógico da paixão.[10]

O objeto desestruturado:
A perversão

A eficácia deste sistema possessivo acha-se diretamente ligada ao seu caráter regressivo e tal regressão, ligada ao próprio modo da perversão. Se esta em se tratando de objetos, é evocada da maneira mais clara na forma cristalizada do fetichismo, nada impede que se veja ao longo de todo o sistema como, ao se organizar segundo os mesmos fins e os mesmos modos, a posse/ /paixão pelo objeto vem a ser digamos um *modo atenuado de perversão sexual*. Assim como a posse atua sobre o descontínuo da série (real ou virtual) e sobre a escolha de um termo privilegiado, de igual maneira a perversão sexual consiste no fato de não se poder apoderar do outro como objeto de desejo na sua totalidade singular de pessoa, mas somente no descontínuo: o outro se transforma no paradigma das diversas partes eróticas de seu corpo com a cristalização objetual de uma dentre elas. Esta mulher não é mais uma mulher, mas sexo, seios, ventre, coxas, voz ou rosto: isto ou

---

(10) Não se deve confundir a decepção, mola interna do sistema regressivo e da série, com a ausência, de que falamos mais atrás, que vem a ser, ao contrário, fator de emergência fora do sistema. Por meio da decepção o indivíduo continua a involuir dentro do sistema, por meio da ausência evolui (relativamente) para o mundo.

aquilo de preferência.[11] A partir daí é ela "objeto" constituindo uma série onde o desejo inventaria os diferentes termos, onde o significado real não é mais absolutamente a pessoa amada, mas o próprio indivíduo na sua subjetividade narcisista colecionando-erotizando-se a si próprio e fazendo da relação amorosa um discurso a si mesmo.

Isto foi muito bem ilustrado pela seqüência inicial de um filme de J. L. Godard, *Le Mépris* (O Desprezo), onde o diálogo, sobre imagens "nuas", desenrolava-se da seguinte forma:

"Você gosta de meus pés?" dizia ela. [Chamamos atenção para o fato de que durante toda a cena ela se observa detalhadamente em um espelho, o que não é casual: valoriza-se a si própria como espetáculo por meio de sua imagem e portanto já como descontínua no espaço.]

"Sim, gosto.
— Você gosta de minhas pernas?
— Sim.
— E de minhas coxas?
— Sim, respondia ainda ele, gosto."

[E assim por diante de baixo para cima até os cabelos.]

"Então você me ama totalmente.
— Sim, amo você totalmente.
— Também eu, Paul", diz ela resumindo a situação.

É possível que os realizadores tenham visto aí a álgebra lúcida de um amor desmistificado. Não é menos verdade todavia que esta absurda reconstituição do desejo é a própria desumanidade. Desintegrada em série conforme seu corpo, a mulher transformada em objeto puro é assim retomada pela série de todas as mulheres-objetos da qual vem a ser simplesmente um termo entre outros. A única atividade possível dentro da lógica deste sistema é o jogo de substituição. É isto que reconhecemos como a própria mola propulsora da satisfação colecionadora.

(11) Em última análise, os cabelos, os pés, e, na linha da regressão, sempre indo mais adiante quanto ao detalhe e o impessoal, até aquilo que o fetichismo finalmente cristaliza, nos antípodas do ser vivo, nas ligas ou no soutien; reencontramos aqui o objeto material, cuja posse se caracteriza como elisão perfeita da presença do outro.

Tal parcelamento do objeto em detalhes dentro de um sistema auto-erótico de perversão, na relação amorosa, é freado pela integridade viva do outro.[12] Ao contrário vem a ser a regra quando se trata de objetos materiais, particularmente de objetos de fabricação complexas demais para poder se prestar à desestruturação mental. Pode-se dizer por exemplo a respeito do automóvel: MEUS freios, MEUS pára-lamas; MEU volante. Diz-se: EU freio, EU dirijo, EU dou a partida. Todos os órgãos, todas as funções podem se achar isoladamente relacionadas à pessoa de modo possessivo. Não se trata aqui de uma personalização ao nível social, mas de um processo de ordem projetiva. Não da ordem do haver mas da ordem do ser. No caso do cavalo, ainda que fosse um extraordinário instrumento de poder e de transcendência para o homem, a mesma confusão não seria possível. É que sobretudo o cavalo não é feito de peças: é sexuado. Pode-se dizer: meu cavalo, minha mulher, mas nessa altura se interrompe a denominação possessiva visto que no sexo se resiste à projeção parcelada e portanto a este modo de apropriação que reconhecemos como paixão auto-erótica e em última instância como perversão.[13] Face a um ser vivo pode-se dizer MEU, mas não se pode dizer EU, como se faz ao se apropriar simbolicamente das funções e dos órgãos do veículo. Certa regressão é impossível. O cavalo pode se achar fortemente carregado como símbolo (significa a cavalgada sexual do cio, também a sabedoria do Centauro, sua cabeça é um terrificante fantasma ligado à imagem do pai, mas sua calma é igualmente a força protetora do Quiron pedagogo) — contudo nunca se acha investido sob a forma simplificada, narcisista, mais pobre e mais infantil da projeção do eu, em um detalhe estrutural do veículo (segundo uma analogia quase confusa com os elementos e funções dissociados do corpo humano). Se há um dinamismo simbólico no cavalo é justamente na medida em que a identificação com o detalhe das fun-

(12) É por isso que a paixão no caso se remete ao fetiche que simplifica radicalmente o objeto sexual vivo em algo equivalente ao pênis e assumido como tal.

(13) Da mesma forma é na medida em que um ser vivo é sentido como assexuado (o bebê) que a identificação possessiva pode atuar: "Então, eu tenho dor na minha cabeça?" diz-se ao bebê. Ou: "Então, nós temos dor na nossa cabeça?" Esta identificação confusa é detida diante do ser sexuado, pela angústia da castração.

ções e órgãos do cavalo é impossível, em conseqüência também o esgotamento da relação em um "discurso" auto-erótico sobre os termos esparsos.

Este parcelamento e esta regressão supõem uma técnica, mas uma técnica autonomizada ao nível do objeto parcial. Assim a mulher solucionada em um sintagma de diversas zonas erógenas acha-se votada à funcionalidade única do prazer, a que responde então uma técnica erótica. Técnica objetivante, ritualizante, que oculta a angústia da relação pessoal e que ao mesmo tempo insere o *alibi* real (gestual, eficaz) no próprio seio do sistema fantasmático da perversão. Qualquer sistema mental necessita com efeito uma "crença", uma referência ao real, uma "razão" técnica, um *alibi*. Assim o acelerador em "eu acelero", ou o farol em "meu farol", ou o automóvel inteiro em "meu carro", constituem os suportes técnicos reais de toda uma recuperação narcisista aquém do real. A mesma coisa é válida para a técnica erótica que se assume como tal: não estamos mais a este nível na ordem genital de emergência do real e do prazer mas na ordem regressiva anal da sistemática serial onde o gestual erótico é apenas *alibi*.

Vê-se como a técnica está longe de ser sempre "objetiva". Ela o é enquanto socializada, retomada pela tecnologia e informante de novas estruturas. No domínio cotidiano ao contrário, oferece campo sempre favorável aos fantasmas regressivos porque nele a possibilidade de desestruturação sempre aflora. Reunidos e combinados, os elementos de um objeto técnico têm implicação coerente. Mas esta estrutura é sempre frágil diante do espírito: acha-se ligada ao exterior pela função, é formal para a psique. Os elementos estruturalmente hierarquizados podem a qualquer instante se desfazer para adquirirem equivalência em um sistema paradigmático onde o indivíduo se declina. O objeto é antecipadamente descontínuo e facilmente levado à descontinuidade pelo pensamento. Tanto mais facilmente porque o objeto (técnico sobretudo) não se encontra como outrora ligado por um gestual e uma energia humanos. Se o carro constitui em si um objeto de manipulação narcisista tão belo por oposição ao cavalo, é porque o domínio que se tem do cavalo é muscular, movimentado, exige um gestual de equilíbrio — enquanto que o do carro ao contrário é simplificado, funcional e abstrato.

Da motivação serial
à motivação real

Ao longo de toda esta análise consideramos negligenciável a própria natureza dos objetos colecionados: mostramo-nos interessados na sistemática sem levar em conta a temática. Mas é evidente que não se colecionam quadros de mestres como se colecionam anéis de charuto. Primeiro é preciso constatar que o conceito de coleção (*colligere*: escolher e reunir) distingue-se do de acumulação. O estado inferior é o da acumulação de materiais: amontoamento de velhos papéis, armazenamento de alimento — a meio caminho entre a introjeção oral e a retenção anal — depois a acumulação serial de objetos idênticos. A coleção emerge para a cultura: visa objetos diferenciados que têm freqüentemente valor de troca, que são também "objetos" de conservação, de comércio, de ritual social, de exibição, — talvez mesmo fonte de benefícios. Estes objetos são acompanhados de projetos. Sem cessar de se remeterem uns aos outros, incluem neste jogo uma exterioridade social de relações humanas.

Contudo, mesmo quando a motivação externa é forte, a coleção jamais escapa à sistemática interna, constitui da melhor maneira possível um compromisso entre os dois: mesmo se a coleção se faz discurso aos outros é sempre primeiro discurso a si mesma. A motivação serial é visível por toda a parte. As pesquisas mostram que os clientes das coleções de livros (10/18, *Que sais-je?*), uma vez presos na esteira da coleção, continuam a comprar este ou aquele título que não os interessa: a diferença na série basta para criar um interesse formal que substitui o real. É uma pura coação associativa que atua na motivação da compra. Conduta análoga é aquela do leitor que só saberia ler comodamente quando cercado por todos os seus livros: a especificidade da leitura tende então a desaparecer. Indo mais longe é menos o livro que conta do que o momento em que é colocado perto de outros na prateleira da biblioteca. Inversamente, o freguês de coleção que "perdeu o fio", dificilmente o retoma; nem sequer comprará mais títulos que lhe oferecem algum interesse real. Estas observações bastam para distinguir nitidamente as duas motivações que dependem uma da outra e coexistem somente na forma de compromisso, com uma tendência incontestável à prioridade, por inércia, da motivação serial sobre a motivação dialética do interesse.[14]

Mas a coleção pura também pode levar a interesses reais. Aquele que começou por comprar sistematicamente todos os *Que sais-je*? termina freqüentemente por orientar sua coleção sobre algum assunto: música, sociologia. Determinado limiar quantitativo na acumulação permite considerar uma seletividade possível. Mas aqui não há regra absoluta. *Pode-se* colecionar com o mesmo fanatismo regressivo quadros de mestres e rótulos de *camembert,* diversamente as coleções de selos são para as crianças fonte de contínuas trocas. Não se pode pois jamais concluir sobre a complexidade temática de uma coleção em relação a sua abertura real para o mundo. Quando muito tal complexidade pode fornecer um indício ou suposição.

Tanto quanto por sua complexidade cultural, é pela falta, pelo inacabado que a coleção se separa da pura acumulação. A falta com efeito é sempre exigência definida deste ou daquele objeto ausente e esta exigência ao se traduzir como procura, paixão, mensagem aos outros,[15] basta para quebrar o encantamento mortal da coleção onde o indivíduo se abisma em pura fascinação. Um programa televisionado ilustrava bastante bem isto:

(14) Esta distinção entre a satisfação serial e o próprio prazer é essencial. No segundo caso há como que um prazer do prazer, por onde a satisfação se ultrapassa como tal e se funda em uma relação. Enquanto que, na satisfação serial, este segundo termo do prazer, esta dimensão pela qual se qualifica, desaparece, falta, é frustrada: a satisfação se encontra remetida à sucessão, ela projeta em extensão e compensa pela repetição uma totalidade inencontrável. Assim vê-se que as pessoas, a partir do momento em que cessam de ler os livros que compram, passam a comprá-los cada vez mais. De igual forma vê-se o ato sexual repetido, ou a multiplicidade dos parceiros preencher indefinidamente o alvo da descoberta amorosa. O prazer do prazer partiu-se. Resta a satisfação. Os dois excluem-se um ao outro.

(15) Contudo, mesmo neste caso, o colecionador tem a tendência a só solicitar os outros como testemunhas de sua coleção e de integrá-los unicamente como terceiros na relação já constituída do sujeito e do objeto.

ao mesmo tempo que cada colecionador presente apresentava ao público sua coleção, mencionava o particular "objeto" que lhe faltava, sendo cada circunstante convidado à procurá-lo para ele. Pode assim o objeto conduzir a um discurso social. Todavia é preciso se render à evidência: *raramente é a presença do objeto mas freqüentemente sua ausência que leva a tal discurso.*

Um discurso a si próprio

A um dado momento torna-se característica da coleção uma ruptura que a arranca a seu sistema involutivo e a determina para um projeto ou exigência (de prestígio, cultural, comercial — pouco importa, desde que o objeto acabe por colocar um homem em face de outro: trata-se então de uma mensagem). Contudo, qualquer que seja a abertura de uma coleção, há nela um elemento irredutível de não-relação com o mundo. Por se sentir alienado e volatilizado em um discurso social no qual as regras lhe escapam é que o colecionador procura reconstituir um discurso que lhe seja transparente, já que detém os seus significantes e que o último significado de tal discurso vem a ser no fundo ele mesmo. Mas está fadado ao fracasso: acreditando ultrapassar não vê que transpõe pura e simplesmente a descontinuidade objetiva aberta em uma descontinuidade subjetiva fechada em que a própria linguagem que emprega perde qualquer valor geral. Esta totalização por meio dos objetos traz portanto sempre a marca da solidão: não responde à comunicação assim como a comunicação a ela não responde. A questão coloca-se de outro ângulo: podem os objetos constituir outra linguagem além daquela? Pode o homem por meio deles constituir outra linguagem além de um discurso a si mesmo?

Se o colecionador jamais é um maníaco sem esperança, justamente porque coleciona objetos que o impedem sempre de certa maneira de regressar até a abstração total (ou o delírio), o discurso que com eles realiza tampouco pode, pela mesma razão, ultrapassar uma certa indigência e uma certa infantilidade. A coleção é sempre um processo limitado, recorrente, seu próprio material, os objetos, é muito concreto, muito descontínuo para que possa se articular em uma real estrutura dialética.[16] Se "aquele que não coleciona nada é um cretino" o que coleciona tem sempre algo de pobre e de inumano.

---

(16) Ao contrário, por exemplo, da ciência, da memória, que também são coleção, mas coleção de fatos, de conhecimento.

C. O SISTEMA META E DISFUNCIONAL GADGETS E ROBÔS

Tendo analisado os objetos na sua sistematização objetiva (o arranjo e a ambiência), depois na sua sistematização subjetiva (a coleção), é preciso agora que interroguemos o campo de suas conotações, logo de sua significação ideológica.

A conotação técnica:
O automatismo

Se a conotação formal pode ser resumida na MODA,[1] a conotação técnica pode formular-se em uma palavra: AUTOMATISMO — conceito maior do triunfalismo meca-

(1) Sobre este ponto ver a análise da retórica das formas (Valores de Ambiência: as Formas) e, no plano sociológico, o capítulo "Modelos e séries".

nicista e ideal mitológico do objeto moderno. O automatismo é o objeto ao tomar uma conotação absoluta na sua função particular.[2] Conseqüentemente é em toda parte proposto e recebido como *modelo técnico*.

Um exemplo tomado a G. Simondon (*op. cit.*, p. 26) ilustrará esta passagem para a conotação técnica por meio de um esquema de automatismo. A supressão do sinal de partida pela manivela produz, do estrito ponto de vista tecnológico, o funcionamento mecânico de um veículo menos simples, ao subordiná-lo ao emprego da energia elétrica de uma bateria de acumuladores, exterior ao sistema — há portanto tecnicamente aí uma complicação, uma abstração, mas que é apresentada como progresso e signo de modernidade. Os veículos à manivela estão fora-de-moda, já os sem manivela são modernos graças a sua conotação de automatismo que mascara na realidade uma carência estrutural. Certamente se poderá dizer que a ausência da manivela tem a função igualmente real de satisfazer à exigência de automatismo assim como os cromeados e as "asas" gigantes que sobrecarregam o carro têm como função satisfazer à exigência de prestígio. Mas vê-se que estas segundas funções se exercem às custas da estrutura concreta do objeto técnico. Enquanto elementos não-estruturados persistem tanto no motor como na linha do automóvel, os construtores apresentam como acabamento mecânico o emprego de um automatismo superabundante nos acessórios, ou o recurso sistemático ao servo comando (cujo efeito mais imediato é tornar o objeto frágil, elevar seu preço e favorecer sua dessuetude e renovação).

A transcendência "funcional"

Assim por toda parte o grau de perfeição de uma máquina é dado como proporcional ao seu grau de automatismo. Ora, para tornar uma máquina automática é preciso sacrificar muitas possibilidades de funcionamento. Para tornar um objeto prático automático, é preciso *estereotipá-lo em sua função* e torná-lo frágil. Longe

---

(2) Assim, no domínio das formas, a "asa" do carro conota a velocidade no absoluto e segundo uma evidência formal.

de ter em si uma significação técnica, o automatismo comporta sempre um risco de parada tecnológica: enquanto um objeto não é automatizado é suscetível de reparo, de superação por um conjunto funcional maior. Caso se torne automático, sua função se cumpre mas também se extingue: torna-se exclusiva. O automatismo é assim como que um fechamento, uma redundância funcional que expulsa o homem em uma irresponsabilidade espectadora. É o sonho de um mundo dominado, de uma tecnicidade formalmente executada a serviço de uma humanidade inerte e sonhadora.

O pensamento tecnológico atual desmente esta tendência: o verdadeiro aperfeiçoamento das máquinas, aquele do qual se pode dizer que eleva o grau de tecnicidade, a verdadeira "funcionalidade" portanto, não corresponde a um acréscimo de automação, mas a uma certa margem de indeterminação que permite à máquina ser sensível a uma informação exterior. A máquina de alta tecnicidade é uma estrutura aberta, pois o conjunto das máquinas abertas pressupõe o homem como organizador e intérprete vivo. Mas se esta tendência é desmentida a um nível tecnológico elevado é ainda ela que, na prática, orienta os objetos para uma abstração perigosa. O automatismo é rei, e a fascinação que exerce é tão grande precisamente porque não vem a ser a de uma racionalidade técnica: experimentamos como que um desejo fundamental, como que *a verdade imaginária do objeto,* frente a qual sua estrutura e sua função concreta nos deixam bastante indiferentes. Pensemos em nossa aspiração fundamental de cada instante, que "tudo ande por si só", que cada objeto, na função que lhe é atribuída, complete o milagre da perfeição do menor esforço — o automatismo é para o usuário como que uma ausência prodigiosa, e o deleite que propõe é, num outro plano, semelhante àquele de ver sem ser visto. Satisfação esotérica dentro do próprio cotidiano. O fato de que cada objeto automatizado nos envolva em estereótipos de conduta freqüentemente definitivos não invalida a exigência imediata: a aspiração por automatismo precede a prática objetiva. E se está tão profundamente encravada que seu mito de perfeição formal se opõe como obstáculo quase material a uma estruturação aberta de técnicas e necessidades, é que se acha encravada nos objetos como nossa própria imagem.[3]

Como o objeto automatizado "anda por si", estabelece uma semelhança com o indivíduo humano autônomo e esta fascinação o empolga. Encontramo-nos diante de um novo antropomorfismo. Outrora os utensílios, os móveis, a própria casa traziam na sua morfologia, no seu uso, claramente impressos, a presença e a imagem do homem.[4] Este conluio foi destruído ao nível do objeto técnico aperfeiçoado, contudo foi substituído por um simbolismo que não é mais aquele das funções primárias mas das funções superestruturais: não são mais os gestos, sua energia, suas necessidades, a imagem de seu corpo que o homem projeta nos objetos automatizados, é a autonomia de sua consciência, seu poder de controle, sua individualidade própria, a idéia de sua pessoa.

O automatismo no fundo se apresenta como o equivalente, no objeto, desta superfuncionalidade de consciência. Ele também se propõe como o *nec plus ultra* do objeto, uma espécie de transcendência da função, corolário da transcendência formal da pessoa, assim como também mascara, com esta abstração formal, as falhas estruturais, os mecanismos de defesa, as determinações objetivas. A mônada perfeita e autônoma, sonho diretor da subjetividade, é pois igualmente o sonho que assombra os objetos. Hoje, desembaraçado do animismo ingênuo e das significações demasiado humanas, é em sua própria existência técnica (por meio da projeção, no fato técnico, da autonomia formal absoluta da consciência individual) que o objeto encontra os elementos de sua mitologia moderna — e uma das vias que persiste em seguir, o automatismo, é sempre aquela de uma sobressignificação do homem na sua essência formal e em seus desejos inconscientes — contrariando por

---

(3) Certamente há resistências: uma certa personalização "heróica" do ato de dirigir por exemplo repugna à mudança de marcha automática. Mas este heroísmo "pessoal" acha-se fadado, por bem ou por mal, a desaparecer.

(4) Mesmo o objeto mecânico ainda corresponde a ele: assim o automóvel não tem cessado de ser, na sua própria função de veículo, à imagem do homem. Linhas, formas, organização interna, modo de propulsão, carburante — ele jamais deixou de negar toda sorte de virtualidades estruturais para obedecer às injunções da morfologia, do comportamento e da psicologia humanas.

este meio e talvez irremediavelmente, sua finalidade estrutural concreta, sua possibilidade de "modificar a existência".

Reciprocamente, ao automatizar e multifuncionalizar os objetos no lugar de desenvolvê-los em uma estrutura fluida e aberta de práticas, o homem revela de certa maneira a significação que ele próprio assume em uma sociedade técnica: a do mais belo objeto para todo o serviço, a de modelo instrumental.

Nesse sentido, automatismo e personalização não são de forma alguma contraditórios. O automatismo é apenas a personalização sonhada ao nível do objeto. É a forma mais acabada, mais sublime do inessencial, desta diferenciação marginal pela qual funciona a relação personalizada do homem com seus objetos.[5]

Aberração funcional:
O gadget

O automatismo é somente um desvio técnico, mas abre para o universo inteiro do delírio funcional. Dito de outra forma, todo o campo dos objetos fabricados em que atua a complicação irracional, a obsessão pelo detalhe, o tecnicismo excêntrico e o formalismo gratuito. Neste zona poli-para-hiper e meta-funcional, o objeto, longe das determinações objetivas, é desta vez tomado inteiramente pelo imaginário. No automatismo projetava-se irracionalmente a imagem da consciência, neste mundo "esquizofuncional" inscrevem-se unicamente obsessões puras e simples. Trata-se de toda uma patafísica do objeto que seria preciso aqui escrever ou ciência das soluções técnicas imaginárias.

Se submetêssemos os objetos que nos rodeiam a esta interrogação: o que neles é estrutural e o que é inestrutural? O que é objeto técnico, o que é acessório, *gadget,* indício formal, nós nos aperceberemos que vivemos em pleno meio neotécnico, em uma ambiência grandemente retórica e alegórica. Aliás é o barroco, com

(5) Sobre a personalização, cf. mais adiante "Modelos e séries". O automatismo acha-se aliás imerso nas motivações da moda e dos cálculos de produção: um acréscimo mesmo ínfimo de automatismo é o melhor meio para desqualificar categorias inteiras de objetos.

sua predileção pela alegoria, com seu novo individualismo do discurso pela redundância das formas e a falsificação das matérias, com seu formalismo demiúrgico, que inaugura verdadeiramente a época moderna ao resumir antecipadamente no plano artístico todos os temas e os mitos de uma era técnica, inclusive o paroxismo formal pelo detalhe e pelo movimento.

Neste nível, o equilíbrio técnico do objeto é rompido: muitas funções acessórias desenvolvem-se quando o objeto *somente obedece à necessidade de funcionar*, à superstição funcional: para não importa que operação, há, deve haver um objeto possível: se não existe, é preciso inventá-lo. É toda a gratuidade do concurso Lépine que, sem jamais inovar e por simples combinatória de estereótipos técnicos, ajusta objetos de função extraordinariamente especificada e perfeitamente inútil. A função visada é tão precisa que só pode ser um pretexto: de fato tais objetos são *subjetivamente* funcionais, vale dizer, obsessionais. E o caminho inverso, "estético", que omite a função para exaltar a beleza do mecanismo puro, vem a dar no mesmo. Pois para o inventor do concurso Lépine, o fato de se chegar a descascar ovos pela utilização da energia solar ou a qualquer outro fim irrisório é somente disfarce para a manipulação e a contemplação obsessionais. Como aliás qualquer outra obsessão, esta pode se revestir da qualidade poética que de certa forma experimentamos com as máquinas de Picabia, com os mecanismos de Tinguely, com as simples rodas de um relógio fora de uso ou com todos os objetos em que esquecemos para o que poderiam servir adequadamente, para reter apenas a fascinação emocionada por seu mecanismo. O que não serve mais para nada pode ainda *nos* servir.

Pseudofuncionalidade:
O machin *

Um conceito resume este funcionalismo vazio: o de *machin*. Todo *machin* é dotado de virtude ope-

(*) Toda esta parte estabelece uma relação entre os vocábulos *machine* e *machin*, impossível de ser mantida no português uma vez que não existe em nossa língua palavra que realmente substitua a

ratória. Se a máquina declina sua função pelo nome, o *machin*, no paradigma funcional, permanece o termo indeterminado, com a nuança pejorativa de "aquilo que não tem nome" ou que não sei nomear (a imoralidade de um objeto do qual não se sabe exatamente para que serve). Todavia funciona. Parêntese flutuante, objeto desunido de sua função, o que o *machin*, o "troço", deixa transparecer, é uma funcionalidade vaga, sem limites, que vem a ser antes a imagem mental de uma funcionalidade imaginária.

É impossível estabelecer todo o campo da polifuncionalidade obsessional: do *Vistemboir* de Marcel Aymé, a respeito do qual não se diz o que é mas apenas que obrigatoriamente serve para qualquer coisa, até esta "Coisa" da Radio-Luxembourg, jogo inesgotável de perguntas pelas quais milhões de ouvintes procuram acertar o nome de determinado objeto ínfimo (a inoxidável lamínula de liga especial do trombone de vara e que serve particularmente a, etc.), do *bricolage* dominical ao super-*gadget* à James Bond, desdobra-se todo o museu do acessório miraculoso para conduzir ao gigantesco esforço industrial da produção de objetos e de *gadgets*, de *machins* cotidianos que nada ficam a dever na sua especialização maníaca à boa e velha imaginação barroca dos *bricoleurs*. Pois o que dizer das máquinas de lavar louça por ultra-som que descolam a gordura sem que nelas se toque, do tostador de pão que permite que se obtenha nove graus diferentes de tostadura e da colher mecânica para bater coquetéis? O que outrora fora somente excentricidade encantadora e neurose individual torna-se, no estágio serial e industrial, uma desestruturação cotidiana e incessante do espírito enlouquecido ou exaltado pelos detalhes.

Se pensarmos em tudo aquilo que pode ser qualificado como *machin*, ficaremos apavorados pelo volume de objetos que cabem neste conceito vazio. Tomaremos conhecimento de que a proliferação de seu detalhe técnico é acompanhada para cada um de nós de uma falha conceitual imensa, que nossa linguagem acha-se

---

francesa *machin* ("palavra com que se designa coisa cujo nome não ocorre"). "Troço", além de muito comprometido com a gíria e carregado de forte sentido pejorativo, não se vincula etimologicamente a "máquina" como no caso de *machin*. (N. da T.)

em grande atraso relativamente às estruturas e à articulação funcional dos objetos que usamos como se fossem naturais. Há em nossa civilização cada vez mais objetos e cada vez menos termos para os designar. Se "máquina" tornou-se um termo genérico preciso (o que não se deu sempre: pelo fim do século XVIII ainda tem o sentido atual de *machin*), à medida que passou para o domínio do trabalho social, *machin* recobre tudo aquilo que, à força de se especializar e de não corresponder a nenhuma exigência coletiva, escapa à formulação e cai na mitologia. Se "máquina" se inscreve no domínio da "língua" funcional, *machin* pertence ao domínio subjetivo da "fala". Desnecessário dizer que, em uma civilização na qual se multiplicam os objetos informuláveis (ou dificilmente formuláveis, por meio de neologismos ou de paráfrases), nossa resistência à mitologia é muito mais débil que em uma civilização de objetos conhecidos e nomeados mesmo em seus detalhes. Achamo-nos hoje em um mundo de "motoristas de domingo", como diz G. Friedmann, de homens que jamais se curvam sobre o motor de seu carro e para os quais *as coisas não têm somente a função, mas o mistério de funcionar*.

Se admitirmos que nosso meio ambiente, e por conseguinte nossa visão cotidiana do mundo é portanto em grande parte aquela de simulacros funcionais, é preciso perguntarmo-nos que superstição prolonga tal falha conceitual e a compensa. Qual o mistério funcional dos objetos? É a obsessão vaga, mas tenaz, por um mundo-máquina, uma mecânica universal. Máquina e *machin* excluem-se um ao outro. Nem a máquina é uma forma perfeita, nem o *machin*, uma forma degradada. São de ordem diferente. Um é operatório real, outro, imaginário. A máquina significa ao estruturá-lo determinado conjunto prático real. Quanto ao *machin*, somente significa uma operação formal mas que vem a ser nesse caso a operação *total* do mundo. A virtude do *machin*, se é irrisória no real,[6] é universal no imaginário. A ninharia que serve para extirpar eletricamente os caroços das frutas ou o novo acessório de

(6) Um mínimo de incidência prática real é todavia sempre necessária para servir de disfarce à projeção imaginária.

aspirador para limpar a parte superior do armário, talvez não sejam essencialmente muito práticos, o que satisfazem é a crença de que para qualquer necessidade há um executivo possível no âmbito da máquina — que qualquer problema prático (e mesmo psicológico) pode ser previsto, prevenido e resolvido antecipadamente por meio de um objeto técnico, racional, adaptado, absolutamente adaptado — mas a quê? Tanto faz. O essencial é que o mundo seja dado como "operado" por antecipação. O significado real do *machin* não é pois o caroço da ameixa ou a parte superior do armário e sim toda a natureza reinventada segundo o princípio técnico de realidade, é um total simulacro de uma natureza autômata. Eis seu mito e seu mistério. E como toda mitologia, esta também tem duas vertentes: se mistifica o homem imergindo-o em um sonho funcional, mistifica igualmente o objeto imergindo-o nas determinações humanas irracionais. Há uma relação estreita de cumplicidade entre o Humano, humano demais e o Funcional, funcional demais: a impregnação do mundo humano por uma finalidade técnica é sempre simultaneamente impregnação da técnica pela finalidade humana — para o melhor e para o pior. Somos mais sensíveis à perturbação da relação humana pela intervenção absurda e totalitária da técnica e menos à perturbação da evolução técnica pela intervenção absurda e totalitária do humano. E, no entanto, é exatamente o irracional humano e seus fantasmas que, atrás de qualquer máquina, alimentam o *machin;* em outros termos, que atrás de toda *praxis* funcional concreta fazem ressurgir o fantasma funcional.

A verdadeira funcionalidade do *machin* é da ordem do inconsciente: esta a origem da fascinação que exerce. Se é absolutamente funcional, absolutamente adaptado (mas a quê?) é que se adapta a qualquer outra exigência, menos a prática. O mito de uma funcionalidade miraculosa do *mundo* é correlativa ao fantasma de uma funcionalidade miraculosa do *corpo*. O esquema de execução técnica do mundo acha-se ligado ao esquema de realização sexual do indivíduo: nesta qualidade, o *machin,* instrumento por excelência, é fundamentalmente um substituto do falo, meio operatório da função por excelência. Não importa aliás qual objeto seja um pouco *machin*: na medida em que sua instrumentalidade prática se apaga, ele pode se revestir de uma outra instrumentalidade libidinal. Este é já o caso do brinquedo na criança, de qualquer pedra ou pedaço de madeira para o "primitivo", da mais insignificante caneta que passa a ser fetiche aos olhos do "não-civilizado", é também de qualquer mecanismo destituído do primitivo uso ou qualquer objeto antigo, para o "civilizado".

Não importa em que objeto o princípio de realidade sempre pode ser posto entre parênteses. *Basta que a sua prática concreta se perca para que o objeto seja transferido às práticas mentais.* Isto é o mesmo que dizer que atrás de cada objeto real existe um objeto sonhado.

Isto já nos foi mostrado a propósito dos objetos antigos. Mas enquanto que, para estes, a transcendência ou a abstração mental era antes a da matéria e da forma ligada a um complexo involutivo de nascimento, os objetos pseudofuncionais, os *machins*, acham-se ligados a uma transcendência abstrata do *funcionamento* e por este meio a um complexo projetivo e fálico de poderio. Mais uma vez encontra-se aí uma distinção de análise, pois se os objetos têm em geral apenas uma função real bem precisa, são, ao contrário, de uma funcionalidade "mental" sem limites: todos os fantasmas podem aí ter lugar. Contudo uma evolução do seu imaginário é indicada na passagem de uma estrutura anímica a outra energética: os objetos tradicionais foram antes testemunhas de nossa *presença,* símbolos estáticos dos órgãos de nosso corpo. Já os objetos técnicos exercem fascinação diferente ao remeterem a uma *energia* virtual e desta forma não são mais receptáculos de nossa presença, mas portadores de nossa própria imagem dinâmica. Aliás aí também seria preciso matizar pois a própria energética dos aparelhos mais modernos mostra-se discreta, sua forma, encoberta e elíptica. Em um mundo de comunicações e de informação, o espetáculo da energia é raro. A miniaturização, o desnudamento gestual subtraem da evidência simbólica.[7] Contudo tranqüilizemo-nos: se os objetos escapam por vezes ao controle prático do homem jamais escapam ao imaginário. *Os modos do imaginário seguem-se aos da evolução tecnológica* e o modo futuro de eficiência técnica suscitará também ele um novo imaginário. Percebem-se mal ainda os aspectos disto, mas talvez depois das estruturas de um imaginário animista, depois das de um energético, será preciso estudar as estruturas de um imaginário cibernético, cujo mito focal não será mais o de um organismo absoluto, nem o de um funcionalismo absoluto, mas o de uma absoluta inter-relacionalidade do mundo. No momento o meio ambiente cotidiano divide-se ainda em proporções desiguais entre os três modos. O velho *buffet*, o automóvel e o gravador coexistem em um mesmo círculo: são todavia radicalmente diferentes no seu modo de existência imaginária assim como no seu modo de existência técnica.

De toda maneira, qualquer que seja o funcionamento do objeto, nós o experimentamos como NOSSO funcionamento. Qualquer que seja seu modo de eficiência, projetamo-nos nesta eficiência, mesmo que ela seja absurda como no *machin*. Sobretudo se o for. É a célebre fórmula, mágica e cômica a um só tempo, do "isto aqui ainda pode ter serventia": se o objeto serve às vezes precisamente para alguma coisa, serve de forma ainda mais freqüente para tudo e para nada e então profundamente a isto: "pode ainda ter serventia".

Metafuncionalidade: O robô

O limite desta projeção imaginária é o objeto sonhado pela ficção científica, o reino do *machin* puro. Não é preciso crer que abandonamos a cotidianidade já que a ficção científica vem a ser apenas, graças à fabulação livre, a extrapolação da própria cotidianidade em suas tendências irracionais. Testemunha essencial de uma civilização do objeto porque revela certos aspectos dela, a ficção científica é ao contrário destituída de valor

---

(7) Neste mundo de aparelhos miniaturizados, mudos, imediatos e impecáveis, o automóvel permanece o grande objeto espetacular graças à presença muito viva do motor e da direção.

profético. Não tem praticamente nada a ver com o futuro real da evolução técnica: dela é somente o futuro anterior, se assim se pode dizer, nutrindo-se de arcaísmos sublimes, de um repertório de formas e de funções adquiridas. Pobre de invenção estrutural, mas mina inesgotável de soluções imaginárias para as necessidades e as funções estereotipadas, freqüentemente marginais e abracadábricas. No fundo trata-se da apoteose do *bricolage*. Mas se o seu valor real de exploração é pobre, é ao contrário uma fonte muito rica de documentação no domínio do inconsciente.

Ilustra em particular aquilo que reconhecemos como a postulação mais profunda, para não dizer a mais irracional, do objeto moderno: o automatismo. No fundo ela inventou apenas um único superobjeto: o ROBÔ. O homem não terá mais de dirigir o seu cortador de grama nem mesmo no domingo, ele se porá em movimento e se deterá por si mesmo. Encontra-se aí o único destino possível dos objetos? Esta via que lhe é traçada de progredir inelutavelmente na sua função atual até a automatização (e que chega ao mimetismo total da autogeração "espontânea" — o moedor de café produzindo pequenos moedores de café — como o imaginam as crianças)[8] tem menos a ver com as técnicas futuras do homem que com suas determinações psicológicas atuais. Nesta qualidade o mito do robô resume todas as vias do inconsciente no domínio do objeto. É um microcosmo simbólico a um só tempo do homem e do mundo, vale dizer, substituindo-se a um só tempo ao homem e ao mundo. É a síntese entre a funcionalidade absoluta e o absoluto antropomorfismo. O aparelho eletrodoméstico ("robô-maria") vem a ser o seu precursor. Por esta razão o robô é no fundo apenas o resultado mitológico de uma fase ingênua do imaginário: aquela da projeção de uma funcionalidade contínua e *visível*. Pois é preciso que a substituição seja

(8) Encontra-se aí o limite: uma máquina capaz de fabricar outra idêntica é tecnologicamente impensável. Isto seria evidentemente o auge da autonomia cujo discurso acaba sempre na tautologia. Mas o imaginário não pode ir até este ponto a não ser ao preço de uma regressão mágica e infantil ao estádio da reduplicação automática (cissiparidade). Uma máquina desse tipo seria aliás também o cúmulo do absurdo: uma vez que sua única função seria reproduzir-se a si própria — poderia ela ao mesmo tempo descascar ervilhas? Quanto ao homem jamais tem por única função se reproduzir. O imaginário não é a loucura: ele preserva sempre uma diferença entre o homem e seu duplo.

visível. Se o robô ostenta tão claramente seu caráter de prótese mecânica (seu corpo é metálico, seus gestos são descontínuos, bruscos, desumanos), é para fascinar de forma perfeitamente segura. Se ele fosse o duplo do homem até em sua flexibilidade gestual, suscitaria angústia. O que deve ser é o símbolo de um mundo, totalmente funcionalizado e personalizado a um só tempo, portanto tranqüilizador em todos os planos e onde possa encarnar-se o poder abstrato do homem ao extremo, sem ser tragado na identificação.[9]

Se o robô é para o inconsciente o objeto ideal que os resume a todos, não o é simplesmente porque seja o simulacro do homem na sua eficiência funcional, é que, sendo tudo isto, não o é de forma bastante perfeita para ser o duplo do homem, pois que permanece, embora sendo o homem, visivelmente um objeto, e por este meio um *escravo*. O robô no fundo é sempre um escravo. Pode ter todas as qualidades, salvo uma, que constitui a soberania do homem: o sexo. É neste limite que exerce sua fascinação e seu valor simbólico. Testemunha pela sua polifuncionalidade o império fálico do homem sobre o mundo, mas ao mesmo tempo testemunha, já que é controlado, dominado, regido, assexuado, que seu falo é escravo, que esta sexualidade é domesticada e sem angústia: dela resta somente uma funcionalidade obediente, encarnada (se assim se pode dizer) em um objeto que se assemelha a mim, que submete o mundo mas que me é submisso: conjurada esta parte ameaçadora de mim mesmo da qual posso daqui em diante me orgulhar como de um escravo todo-poderoso à minha imagem.

Vê-se de onde vem a tendência a empurrar cada objeto até o estado de robô. É aí que ele completa sua função psicológica inconsciente. É aí também que termina. Pois o robô não tem evolução possível: *está congelado na sua semelhança com o homem* e na abstra-

(9) Citaremos novamente aqui o apólogo do autômato do século XVIII (cf. *supra* "O Mito funcional") quando o ilusionista, alcançando um ponto culminante com sua arte, mecaniza seus próprios gestos e altera ligeiramente sua própria aparência, age assim também para restituir ao espetáculo o seu sentido: o prazer da diferença entre o autômato e o homem. Os espectadores teriam ficado muito angustiados em não saber qual o "verdadeiro". E o ilusionista sabia que mais importante ainda que a perfeição de seu autômato era a diferença entre os dois e que era preferível ainda que as pessoas tomassem a máquina pelo homem e o homem pela máquina.

ção funcional a qualquer preço. É o fim também de uma sexualidade genital ativa, pois a sexualidade projetada no robô é nele neutralizada, repelida, conjurada, congelada ela também no objeto que congela. Abstração narcisista: o universo da ficção científica é um universo assexuado.

O robô é ainda interessante em mais de um enfoque. Como é o fim mitológico do objeto, reúne em si todos os fantasmas que povoam nossas relações profundas com o meio ambiente.

Se o robô é escravo, o tema do escravo acha-se sempre ligado, até na lenda do aprendiz de feiticeiro, ao da *revolta*. A revolta do robô, sob qualquer forma que seja, não é rara nas narrativas de ficção científica. Nelas está sempre implícita. O robô é como o escravo, ao mesmo tempo muito bom e muito pérfido, muito bom como a força que se aprisiona, muito mau como aquela que se liberta. Ora, o homem, como o aprendiz de feiticeiro, tem boas razões para temer a ressurreição desta força que conjurou ou aprisionou à sua imagem. Pois tal força é sua própria sexualidade que então se volta contra ele e da qual tem medo. Libertada, fora dos grilhões, revoltada, a sexualidade torna-se a inimiga mortal do homem: é isto que manifestam as múltiplas e imprevisíveis reviravoltas dos robôs, sua mutação maléfica ou simplesmente a angústia desta conversão brutal sempre possível. O homem é então alvo das suas próprias forças mais profundas e se vê frente a frente com seu duplo, dotado de sua própria energia, da qual se diz na lenda que a aparição significa a morte. Insurreição na revolta das energias fálicas subjugadas, tal é o sentido da perfídia mecânica dos robôs (tudo isso significando a alteração funcional da ambiência). Neste momento intervêm nas narrativas duas soluções: ou o homem doma as forças "malévolas", e tudo volta à ordem "moral" — ou então as forças encarnadas no robô destroem-se a si próprias, impelindo o automatismo até o suicídio. O tema do robô que se desarranja, da autodestruição do robô, é também corrente na ficção científica e corolário daquele da revolta. Um apocalipse secreto dos objetos, do Objeto, disso se nutre a paixão do leitor. Poderíamos ser tentados a relacionar tal peripécia com uma condenação moral do caráter luciferiano da ciência: a técnica caminhando para sua própria perda levaria o homem a se render à sua boa natureza. Este tema moral acha-se certamente vivo nas narrativas de ficção, mas é a um só tempo muito ingênuo e muito racional. A moral jamais fascinou ninguém, mas a desagregação esperada do robô nos proporciona uma satisfação bizarra. Trata-se menos de um constrangimento moral que de um desejo fundamental que impõe a recorrência deste fantasma de desintegração ritual em que culmina o triunfalismo funcional do objeto. Há aí o espetáculo saboreado da morte e, se admitimos que o robô simboliza uma sexualidade submetida, admitimos também que a desintegração do robô constitui para o homem o espetáculo simbólico da desagregação de sua própria sexualidade — que destrói após tê-lo submetido à sua imagem. Levando Freud às últimas conseqüências, pode-se perguntar se o homem não festeja aqui, por meio dos avatares de uma técnica enlouquecida, o acontecimento futuro de sua própria morte, se não renuncia por este meio à sexualidade para ser libertado da angústia.

Uma manifestação muito na moda nos aproxima deste grande acontecimento da ficção científica que é o "suicídio" ou a morte do objeto: o *happening* (o "Acontecimento") que se caracteriza como uma sessão orgíaca de destruição, de aviltamento dos objetos, holocausto em que toda uma civilização saturada festeja sua degradação total e sua morte. Uma nova moda de certa forma comercializou a coisa nos E.U.A.: vendem-se maravilhosas máquinas de engrenagens, de bielas, de transmissões, etc., verdadeiras jóias de funcionalidade inúteis, que têm por virtude desagregarem-se sozinhas após algumas horas de funcionamento, de forma súbita e definitiva. Presenteamo-nos reciprocamente com esse tipo de objeto, e sua defecção, seu aniquilamento, sua morte é ocasião de uma festa entre amigos.

Sem ir tão longe, uma espécie de *fatum* se encarna hoje em certos objetos. O automóvel desempenha ainda aqui uma papel privilegiado. O homem nele se empenha para o melhor e para o pior. Obtém dele serviços, mas dele aceita, dele talvez aguarde uma espécie de destino a respeito do qual no cinema, por exemplo, a morte em automóvel tornou-se a figuração ritual.

Os avatares da técnica

Assim pode-se seguir as mitologias funcionais, nascidas da própria técnica, até se chegar a uma espécie de fatalidade onde esta técnica de domínio do mundo se cristalizaria em finalidade inversa e ameaçadora. A esta altura precisamos:

1º Repor o problema da fragilidade dos objetos, de sua defecção: se eles se nos oferecem primeiro como tranqüilizadores, como fatores de equilíbrio, mesmo neurótico, constituem também um fator constante de decepção.

2º Colocar em questão a hipótese implícita em nossa sociedade de uma racionalidade dos fins e dos meios dentro da ordem de produção e do próprio projeto técnico.

Acham-se aí dois aspectos concorrentes com a disfuncionalidade, a contrafinalidade do objeto: um sistema sócio-econômico de produção, um sistema psicológico de projeção. É esta implicação recíproca dos dois sistemas e seu conluio que é preciso definir.

A sociedade tecnicista vive de um mito tenaz: aquele do avanço ininterrupto das técnicas e do "atraso" moral dos homens em relação a elas. Os dois aspectos são solidários: a "estagnação" moral transfigura o avanço técnico e faz dele, único valor seguro, a definitiva instância de nossa sociedade: de igual forma se encontra justificada a ordem de produção. Sob a aparência de uma contradição moral, escamoteia-se a contradição real, que é a de que precisamente o sistema de produção atual se opõe, ao mesmo tempo que nela trabalha, a um avanço técnico real (e por este meio a uma reestruturação das relações sociais). O mito de uma convergência ideal da técnica, da produção e do consumo mascara todas as contrafinalidades políticas e econômicas. Como seria possível aliás que progrida harmoniosamente um sistema de técnicas e de objetos ainda que estagne ou regrida o sistema de relações entre os homens que o produzem? Homens e técnicas, necessidades e objetos estruturam-se reciprocamente para o melhor e para o pior. É quase uma lei a solidariedade, em uma mesma área de civilização, das estruturas individuais e sociais e das modalidades técnicas e funcionais. Em nossa civilização tecnicista de igual forma: técnicas e objetos sofrem as mesmas servidões que os homens — o processo de estruturação concreta, portanto de progresso objetivo das técnicas, sofre os mesmos bloqueios, os mesmos desvios e as mesmas regressões que o processo de socialização concreta das relações humanas, conseqüentemente de progresso objetivo da sociedade.

Há um câncer do objeto: esta proliferação de elementos estruturais que faz o triunfalismo do objeto é uma espécie de câncer. Ora, é com estes elementos inestruturais (automatismo, acessórios, diferenças inessenciais) que se organiza todo o circuito social da moda e do consumo dirigido.[10] É com eles que tende a ser entravada a evolução técnica. É neles que, sob aparência de ostentar todas as metamorfoses de uma saúde prodigiosa, o objeto saturado antecipadamente se esgota em convulsões formais e modificações superficiais. "Do ponto de vista técnico, diz Lewis Mumford (*Technique et Civilisation*, p. 341), as mudanças de forma e de estilo são sinais de falta de maturidade. Indicam um período de transição. Mas o capitalismo[11] fez deste período de transição um período permanente." E cita o fato de que nos Estados Unidos, por exemplo, depois de um período de fausto, de 1910 a 1940, que viu nascer o automóvel, o avião, o refrigerador, a televisão etc., as invenções praticamente cessaram. Melhoramentos, aperfeiçoamento, condicionamento: atrações do objeto mas nada de inovações estruturais. "O principal obstáculo, diz ainda Mumford, para um desenvolvimento mais completo da máquina reside na associação do gosto e da moda ao desperdício e ao lucro comercial" (p. 303). De um lado, com efeito, os aperfeiçoamentos menores, complicação e sistemas anexos (de segurança,

(10) Cf. mais adiante: "Modelos e séries."
(11) Sua responsabilidade é evidentemente decisiva por todo um período. Além de um certo limiar de evolução técnica e de difusão dos bens e dos produtos, as coisas ficam menos claras.

de prestígio) mantêm uma falsa consciência de "progresso" e mascaram a urgência de transformações essenciais (o que se poderia chamar o "reformismo" do objeto). De outro lado a moda, com sua proliferação descoordenada de sistemas secundários, constituindo o domínio do acaso, é também o da recorrência indefinida das formas, e portanto da prospecção comercial máxima. Entre uma verticalidade da técnica e uma horizontalidade do lucro — entre a superação contínua da invenção técnica e o fechamento de um sistema de objetos e de formas recorrentes segundo a finalidade da produção, há uma oposição fundamental.

É aqui que aparece a vocação dos objetos ao papel de substitutos da relação humana. Na sua função concreta o objeto é solução de um problema prático. *Nos seus aspectos inessenciais é solução de um conflito social ou psicológico.* Tal é a "filosofia" moderna do objeto em Ernst Dichter, profeta da procura de motivação: ela equivale a dizer que não importa que tensão, conflito individual ou coletivo deve poder ser resolvido por um objeto. (*La Stratégie du désir*, p. 81.) Se há um santo para todos os dias do ano, há um objeto para não importa que problema: a questão toda é fabricá-lo e lançá-lo no momento adequado. Onde Dichter vê uma solução ideal, L. Mumford vê com maior razão uma solução por carência mas é ainda a mesma concepção do objeto e da técnica como substitutivo dos conflitos humanos que ele amplia a toda uma civilização em uma perspectiva crítica: "Uma organização mecânica freqüentemente é o substituto temporário e oneroso de uma organização social efetiva ou de uma adaptação biológica sã" (p. 244). "As máquinas têm de certa forma sancionado a ineficácia social" (p. 245), e: "Na nossa civilização, a máquina, longe de ser o signo da potência e da ordem humana, indica freqüentemente a inaptidão e a paralisia social" (p. 366).

É difícil avaliar o *deficit* global que constitui para o conjunto de uma sociedade este desvio dos conflitos e das necessidades reais para a técnica, ela própria submetida à moda e ao consumo forçado. O *deficit* é colossal. Tomando-se o automóvel como exemplo, tem-se dificuldade hoje em dia em conceber que utensílio extraordinário de reestruturação das relações humanas poderia ele ser graças ao domínio do espaço e à convergência estrutural de um certo número de técnicas: pois bastante cedo ele sobrecarregou-se com funções parasitárias de prestígio, de conforto, de projeção inconsciente etc., que enfraqueceram e depois bloquearam sua função de síntese humana. Hoje é um objeto em plena estagnação. Cada vez mais abstraído de sua função social de transporte, embora encerrando tal função em modalidades arcaicas — transforma-se, reforma e metamorfoseia-se loucamente dentro dos limites intransponíveis de uma estrutura adquirida. Toda uma civilização pode deter-se no estágio do automóvel.

Se se distinguem três níveis concorrentes de evolução:

— uma estruturação técnica do objeto: convergência das funções, integração, concretização, economia;

— uma estruturação paralela do mundo e da natureza: o espaço vencido, a energia controlada, a matéria mobilizada. Um mundo cada vez mais informado e inter-relacional;

— uma estruturação da *praxis* humana, individual e coletiva, a caminho de uma "relatividade" e uma mobilidade sempre maiores, uma integração aberta e uma "economia" da sociedade análoga à dos objetos técnicos mais evoluídos; constata-se, malgrado os deslocamentos devidos à dinâmica própria de cada um destes planos, que no fundo a evolução se retarda ou se detém nos três planos simultaneamente. O objeto técnico, uma vez bloqueado no resultado adquirido (segundo plano: vitória parcial sobre o espaço no caso do veículo), contenta-se em conotar esta estrutura congelada, sobre a qual refluem motivações subjetivas de toda ordem (regressão ao terceiro plano). É então que o veículo, por exemplo, perdendo seu dinamismo de objeto técnico regressão ao primeiro plano), entra em relação de complementaridade fixa com a casa: casa e veículo constituem um sistema fechado, investido das significações humanas convencionais, e o veículo, no lugar de ser um fator de relação e de troca, torna-se então verdadeiramente objeto de puro consumo. "Não somente as antigas formas técnicas têm freado o desenvolvimento da economia neotécnica, como as novas invenções têm freqüentemente servido para manter, para renovar, para estabilizar a estrutura da antiga ordem" (Mumford, p. 236). O automóvel não mais suprime os obstáculos entre os homens, ao contrário estes nele investem aquilo que os separa. O espaço vencido torna-se um obstáculo mais grave que o obstáculo a vencer.[12]

A técnica e o sistema inconsciente

Contudo na origem desta relativa estagnação das formas e das técnicas, deste *deficit* sistemático (mas cuja grande eficácia no plano da integração social verificamos alhures, em "Modelos e séries"), é preciso se perguntar se não há outra coisa senão a ditadura interessada de uma ordem de produção, uma instância alienante absoluta. Dito de outra forma, é um "acidente social" segundo os termos de L. Mumford, se os objetos são subdesnvolvidos? (Se os homens fossem "inocentes" e a ordem de produção a única responsável pelo estatuto de minoridade técnica, haveria aí um acidente, uma contradição inexplicável, como o é inversamente a fábula burguesa do "avanço" técnico e do "atraso" moral.) De fato, não há acidente e, se é preciso conferir maior importância à exploração sistemática através de um sistema de objetos, de uma sociedade inteira por uma ordem de produção estruturalmente ligada à ordem social — contudo é impossível pensar, diante da permanência e da solidez deste sistema, que não haja em alguma parte uma colusão entre esta ordem coletiva de produção e uma ordem individual das necessidades, fosse esta inconsciente —, uma colusão, vale dizer, uma relação estreita de cumplicidade negativa, ou ainda uma implicação recíproca entre a disfuncionalidade do sistema sócio-econômico e a incidência profunda do sistema inconsciente que vimos aflorar na análise do robô.

(12) De igual maneira pode-se conceber que o cinema ou a TV passaram ou deixam de lado imensas possibilidades concretas de "mudar a vida". "Ninguém se espanta, diz Edgar Morin (*Le Cinéma ou l'Homme imaginaire*, p. 15) que o cinematógrafo tenha-se visto, desde o nascimento, como radicalmente desviado de seus fins óbvios, técnicos e científicos, para ser abocanhado pelo espetáculo e se tornar cinema... O impulso do "cinema" atrofiou desenvolvimentos que teriam parecido naturais". E ele mostra como a lentidão da inovação (som, cor, relevo) está ligada à exploração do cinema-consumo.

Se conotação e personalização, modo e automatismo convergem para os elementos inestruturais dos quais se apodera a produção para com eles sistematizar a motivação irracional, é possível também que não haja no homem nem vontade firme nem possibilidade de ultrapassar estas estruturas arcaicas de projeção — que haja ao menos uma resistência profunda em sacrificar as virtualidades subjetivas, projetivas e sua recorrência indefinida, em benefício de uma evolução estrutural concreta (técnica e social a um só tempo) — mais simplesmente que haja resistência profunda em substituir por uma racionalidade a finalidade contingente das necessidades. Talvez aí exista um incidente fatal no modo de existência dos objetos e das próprias sociedades. A partir de um certo limiar de evolução técnica e na medida em que as necessidades primárias são satisfeitas, temos talvez tanto ou mais necessidade desta comestibilidade fantasmática, alegórica, subconsciente do objeto que de sua verdadeira funcionalidade. Por que os veículos não têm outras formas (carlinga na frente, linhas bem delineadas, de tal maneira que o usuário habite eficazmente o espaço que deve percorrer e não um substituto da casa ou mesmo do sujeito obsedado por força projétil)? Não será porque a forma atual, exaltada nos carros de corrida em que o capô desmesuradamente longo figura como modelo absoluto, permite uma projeção essencial, mais importante no fundo que os progressos na arte de se deslocar?

O homem talvez tenha necessidade de sobrecarregar o mundo com este discurso inconsciente e por este mesmo meio de o deter em sua evolução. É preciso ir muito longe neste sentido. Se estes elementos inestruturais em que parece se cristalizar o mais tenaz dos desejos não são unicamente funções paralelas, complicações, sobrecargas, mas propriamente disfunções, faltas, aberrações frente a uma ordem estrutural objetiva, se toda uma civilização parece se desviar por este meio de uma revolução real de suas estruturas e se tudo isto não é um acidente — pode-se perguntar se o homem, atrás do mito da prodigalidade funcional (da "abundância personalizada") que na verdade encobre a obsessão por sua própria imagem, não se inclina mais para uma disfuncionalidade que para uma crescente funcionalidade do mundo? Não se prestaria o homem a este jogo das disfunções que cada vez mais faz de nosso meio ambiente um mundo de objetos congelados no seu crescimento por suas excrescências, desiludidos e falazes na medida em que se personalizam?

O que nos pareceu há pouco como uma dimensão determinante do objeto, a dimensão substitutiva, ganha ainda mais força aqui: é ainda mais verdadeiro ao nível dos conflitos inconscientes que ao nível dos conflitos sociais ou psicológicos conscientes evocados por E. Dichter e L. Mumford, que o exercício da técnica, e mais simplesmente o consumo de objetos, desempenham um papel de derivativo e de solução imaginária. Entre os homens e o mundo, a técnica pode ser uma mediação eficaz: é a via mais difícil. A via mais fácil é a de um sistema de objetos que se interpõe como solução imaginária às contradições de toda ordem, que produz um curto-circuito por assim dizer da ordem técnica e da ordem das necessidades individuais, curto-circuito em que se esgotam as energias dos dois sistemas. Mas então não é espantoso que o sistema de objetos que disto resulta traga a marca da defecção: tal *deficit* estrutural é somente o reflexo das contradições de que este sistema de objetos vem a ser a solução formal. Enquanto *alibi* individual ou coletivo de tais ou quais conflitos, o sistema de objetos apenas pode trazer a marca da recusa a esses conflitos.

Mas que conflitos? E de que são eles o *alibi*? O homem vinculou todo o seu porvir a uma empresa simultânea de domesticação das energias naturais externas e da energia libidinal interna, experimentadas ambas como ameaça e fatalidade. A economia inconsciente do sistema de objetos é a de um dispositivo de projeção e de domesticação (ou controle) da libido por eficiência interposta. Benefício paralelo: domínio da natureza e produção de bens. Somente esta economia admirável comporta para a ordem humana um duplo risco: 1º de que a sexualidade seja de alguma forma conjurada e excluída na ordem técnica; 2º de que esta ordem técnica seja por sua vez perturbada na sua evolução pela energia conflitual que foi nela investida. Encontram-se aí os elementos de uma contradição insolúvel, de uma defecção crônica: quer dizer que o sistema de objetos tal como funciona hoje constitui uma virtualidade sempre presente de um *consentimento* com esta regressão, a tentação do fim da sexualidade, de sua definitiva amortização na recorrência e a contínua fuga para adiante da ordem técnica.

Na prática, a ordem técnica guarda sempre uma certa dinâmica própria que impede a recorrência indefinida de um tal sistema regressivo perfeito que seria propriamente a morte. Contudo as primícias disto acham-se aí em nosso sistema de objetos e *a tentação da involução o persegue, nele coexistindo sempre com as oportunidades de evolução.*

Esta tentação à involução em direção ao que se pode muito bem chamar de morte como solução para a angústia da sexualidade toma por vezes, sempre no quadro da ordem técnica, as formas mais espetaculares e brutais. Ela então passa a ser a tentação, realmente trágica, de ver esta própria ordem técnica voltar-se contra o homem que a institui. A tentação de ver ressurgir a fatalidade desta ordem técnica mesma que era destinada a conjurá-la: processo do mesmo tipo daquele descrito por Freud, da energia recalcada que ressurge através da instância repressora e desequilibra todos os mecanismos de defesa. Por oposição a uma segurança na involução lenta, o trágico representa a vertigem desta solução brusca para o conflito da sexualidade e do eu. Vertigem da irrupção das energias agrilhoadas nos próprios símbolos de domínio do mundo que constituem os objetos técnicos. É esta postulação contraditória de vencer a fatalidade e de provocá-la que se reflete na ordem econômica de produção, a qual, mesmo produzindo sem cessar, somente pode produzir objetos tornados frágeis, em parte disfuncionais, fadados a uma morte rápida, trabalhando assim para a sua destruição ao mesmo tempo que para a sua produção.

Deixemos bem claro ainda: não é a fragilidade em si mesma que é trágica, não mais do que a morte. É a *tentação* por esta fragilidade e por esta morte. É esta tentação que se acha de certa maneira satisfeita, quando o objeto nos desserve, ao mesmo tempo que este desserviço nos contraria ou nos desespera. É a mesma satisfação maligna e vertiginosa que vimos projetar-se nos fantasmas de revolta e de destruição do robô. O objeto se vinga. Ele se "personaliza" desta vez para o pior, na revolta. Esta conversão hostil nos choca, nos espanta, mas é preciso admitir que rapidamente se desenvolve uma submissão a esta revolta como uma fatalidade e como uma evidência da fragilidade que nos apraz. Um contratempo técnico nos importuna, uma cascata de contratempos pode provocar euforia. Sofremos se uma vasilha se fende, se ela se parte completamente, é satisfatório. A fraqueza do objeto é sempre recebida de maneira ambígua. *Ela impede nossa segurança, mas materializa também a objeção contínua que fazemos a nós mesmos e que também exige satisfação.* Espera-se de um isqueiro que ele funcione e todavia pensa-se, deseja-se talvez a cada instante que não funcione (E. Dichter, p. 91). Tentemos imaginar um objeto infalível e a decepção que isto seria, no plano precisamente da objeção a si mesmo de que falamos anteriormente: a infalibilidade termina sempre por provocar a angústia. É que um mundo sem carência seria o signo de uma reabsorção definitiva da fatalidade, portanto da sexualidade. Por esse motivo o menor sinal de ressurreição desta fatalidade provoca no homem uma satisfação fundamental: por esta falha a sexualidade revive um instante, mesmo que seja como poder hostil (e nesta conjuntura o é sempre), mesmo que tal irrupção signifique o fracasso, a morte ou a destruição. A contradição que existe no fundo recebe assim uma solução contraditória e poderia ser de outra forma?[13]

Nossa civilização "técnica", tal como se pode pressenti-la através do modelo americano, é a um só tempo um mundo sistemático e frágil. O sistema dos objetos ilustra esta sistemática da fragilidade, da efemeridade, da recorrência cada vez mais breve e da compulsão de repetição. Da satisfação e da decepção. Da conjuração

---

(13) É a lenda do Estudante de Praga. Sua imagem, saída do espelho, materializa-se em um sósia e o persegue (em conseqüência de um pacto com o diabo). Fica privado da imagem especular mas esta o persegue transformada em sósia. Um dia em que tal sósia se acha novamente, como na cena primitiva, colocado entre ele e o espelho, atira e mata-o: mas, é claro, ele é que é morto, já que o sósia o despojara de sua realidade. Contudo, pouco antes de morrer reencontra sua imagem real nos cacos do espelho partido.

problemática dos verdadeiros conflitos que ameaçam as relações individuais e sociais. Pela primeira vez na história, nós nos encontraríamos, com a sociedade de consumo, diante de uma tentativa organizada, irreversível, de saturação e de integração da sociedade em um sistema insubstituível de objetos que por toda a parte tomaria o lugar de uma interação aberta das forças naturais, das necessidades e das técnicas — e cujo motor principal seria a mortalidade oficial, imposta, organizada dos objetos — gigantesco *happening* coletivo em que a própria morte do grupo é celebrada na destruição eufórica, no devoramento ritual de objetos e de gestos.[14] Ainda uma vez pode-se pensar que exista aí somente uma doença infantil da sociedade tecnicista e vincular essas crises de crescimento apenas à disfuncionalidade das estruturas sociais atuais (a ordem de produção capitalista). Neste caso fica salva a longo prazo a possibilidade de uma superação do conjunto do sistema. Mas se existe aí outra coisa além de uma finalidade anárquica da produção a serviço de uma exploração social, se existe aí incidência de conflitos mais profundos, estes muito individuais, mas refletidos e ampliados em escala coletiva, então a esperança em uma transparência está perdida para sempre. Crises de crescimento de uma sociedade por outro lado prometida para o melhor dos mundos ou regressão organizada diante dos conflitos insolúveis? Anarquia da produção ou instinto de morte? O que é que transtorna uma civilização? A questão permanece aberta.

---

(14) O que se tem podido chamar o *niilismo* do consumo (E. Morin).

D. O SISTEMA SÓCIO-IDEOLÓGICO DOS OBJETOS E DO CONSUMO

1. MODELOS E SÉRIES

**O objeto pré-industrial
e o modelo industrial**

O estatuto do objeto moderno é dominado pela oposição MODELO/SÉRIE. Em uma certa medida esta oposição sempre se deu. Uma minoria privilegiada da sociedade tem sempre servido de campo de experiência a estilos sucessivos cujas soluções, métodos e também artifícios são em seguida difundidos pelo artesanato local. Contudo não se pode propriamente falar antes da era industrial de "modelo" nem de "série". De um lado a homogeneidade é maior entre os objetos na sociedade pré-industrial, porque em seu modo de produção permanece em toda a parte o trabalho à mão, porque são menos especializados na sua função e o leque cultural das formas é menos vasto (há pouca referência às culturas anteriores ou externas) — de outro lado a segregação é maior entre um setor de objetos que pode se prevalecer do "estilo" e a produção local que tem somente restrito valor de uso. Hoje em dia as mesas de campo têm valor cultural — há trinta anos ainda valiam somente pelos serviços que podiam prestar. Não há relação no século XVIII entre a mesa "Luís XV" e a campesina: um fosso separa as duas categorias de objetos como as duas classes sociais a que pertencem. Nenhum sistema cultural as integra.[1] Não se pode tampouco dizer que a mesa Luís XIII seja o modelo da qual as inumeráveis mesas e assentos que em seguida a imitaram vêm a ser a série.[2] Existe difusão restrita de técnicas artesanais, mas não de valores: o "modelo" permanece absoluto, ligado a uma transcendência. Série alguma provém dele no sentido moderno em que a entendemos. A categoria social atribui aos objetos seu estatuto: se é nobre ou não, o nobre não é o termo privilegiado de uma série social, sua nobreza é uma graça que o distingue absolutamente. O equivalente para os objetos desta concepção transcendente é o que chamamos "estilo".

Tal distinção é importante entre os objetos "de estilo", pré-industriais, e os atuais modelos. Só ela permite precisar, para além da sua oposição formal, as relações reais do modelo e da série em nosso sistema contemporâneo.

Observando efetivamente que largas camadas da sociedade vivem com objetos de série que se ligam formal e psicologicamente aos modelos com os quais vive uma minoria social, é grande a tentação em simplificar o problema opondo-os uns aos outros, para então transferir exclusivamente a um ou a outro pólo o valor de realidade. Em outros termos, separar o modelo da série

(1) Contudo a diferença entre classes de objetos sem dúvida nunca é tão nítida quanto entre as classes sociais. A distinção hierárquica absoluta é atenuada ao nível do objeto pelo uso: uma mesa tem a mesma função primária ao longo de toda a escala social.
(2) Se o *buffet* Henrique II tornou-se bem mais recentemente móvel de série isto se deve ao circuito muito diferente do objeto cultural industrializado.

para consignar um ou outro ao real ou ao imaginário. Ora, nem a cotidianidade dos objetos de série é irreal frente a um mundo de modelos que seria aquele dos valores reais, nem a esfera dos modelos é imaginária porque depende somente de uma ínfima minoria e parece assim escapar à realidade social. Estabeleceu-se em nossos dias, em nome da informação e da comunicação de massa que difundem tais modelos, uma circulação não somente dos objetos, mas uma circulação "psicológica" que assinala a diferença radical entre a era industrial e a pré-industrial de transcendente distinção do "estilo". Aquele que comprou um quarto de nogueira no Dubonbois ou alguns aparelhos eletrodomésticos de série, aquele que realizou isso como seu sonho e como promoção social, sabe todavia, pela imprensa, o cinema, a televisão, que existem no mercado interiores "harmonizados", "funcionalizados". Ele o experimenta certamente como um mundo de luxo e de prestígio do qual se acha quase inexoravelmente separado pelo dinheiro, mas do qual não o separa mais hoje nenhum estatuto jurídico de classe, nenhuma transcendência social de direito. Isto é psicologicamente essencial pois, por esta razão, malgrado a frustração, malgrado a impossibilidade de a ele ter acesso, o uso do objeto de série não se dá nunca sem uma postulação implícita ou explícita dos modelos.

Reciprocamente, os modelos não se restringem mais a uma existência de casta,[3] mas se abrem, inserindo-se na produção industrial, à difusão serial. Propõem-se, eles também, como "funcionais" (o que jamais teria feito um móvel "de estilo") e acessíveis a todos por direito. E cada um, através do mais humilde objeto, participa por direito do modelo. Há aliás cada vez menos modelo ou série puros. As transições de um a outro vão com isso se diferenciando ao infinito. No desenho da produção o objeto passa por todas as cores do prisma social. E estas transições são vividas cotidianamente, sobre o modo do possível ou da frustração: o modelo é interiorizado por aquele que participa da série — a série é indicada, negada, ultrapassada, vivida contraditoriamente por aquele que participa

(3) Nem por isso perdem o estatuto de classe (cf. mais adiante).

do modelo. Esta corrente que atravessa toda a sociedade, que leva da série ao modelo e faz continuamente difundir-se o modelo na série, esta dinâmica ininterrupta vem a ser a própria ideologia de nossa sociedade.

O objeto "personalizado"

Observemos que o esquema de distribuição modelo/série não se aplica de igual maneira a todas as categorias de objetos. Aparece como evidente quando se trata do vestuário: vestido de Fath/*prêt à porter* — ou do automóvel: Facel-Vega/2 CV. Torna-se menos evidente à medida que se abordam categorias de objetos mais especificados na sua função: as diferenças se esfumam entre um "Frigidaire" da General Motors e um "Frigeco", entre um e outro aparelho de televisão. Ao nível dos pequenos utensílios: moedores de café etc., a noção de modelo tende a se confundir com a de "tipo", a função do objeto absorvendo amplamente as diferenças de estatuto, que terminam por se esgotar na alternância modelo de luxo/modelo de série (marcando esta oposição o ponto de menor resistência da noção de modelo). Se passarmos ao contrário para os objetos coletivos que são as máquinas, vemos que não há mais exemplar de luxo de uma máquina pura: um conjunto de laminadores, ainda que único no mundo, é apesar disso, e desde que surge, um objeto de série. Uma máquina pode ser mais "moderna" que outra, nem por isso se torna um "modelo" de que outras menos aperfeiçoadas constituiriam a série. Para obter os mesmos desempenhos será preciso fabricar outras máquinas do mesmo tipo, ou seja, constituir, a partir deste primeiro termo, uma série pura. Não há lugar aqui para uma gama de diferenças calculadas sobre as quais possa se fundar alguma dinâmica psicológica. Ao nível da função pura, como não há variáveis combinatórias, deixa de haver modelos.[4]

---

(4) A obra de arte tampouco depende do modelo e da série. Trata-se da mesma alternativa categórica que para a máquina: esta desempenha ou não tal função, a obra de arte é verdadeira ou falsa. Nada de diferenças marginais. É unicamente ao nível do objeto privado e personalizado (e não ao nível da própria obra) que atuará a dinâmica modelo-série.

A dinâmica psicossociológica do modelo e da série não atua pois ao nível da função primária do objeto, mas ao nível de uma função segunda que é a do objeto "personalizado". Vale dizer, fundado a um só tempo na exigência individual e em um sistema de diferenças que vem a ser justamente o sistema cultural.

A escolha

Objeto algum é oferecido ao consumo em um único tipo. O que pode ser recusado a você é a possibilidade material de comprá-lo. Mas aquilo que lhe é dado *a priori* na nossa sociedade industrial como graça coletiva e como signo de uma liberdade formal, é a escolha. Sobre tal disponibilidade repousa a "personalização".[5]

É na medida em que todo um leque lhe é oferecido que o comprador ultrapassa a estrita necessidade da compra e se empenha pessoalmente além. Aliás não temos mesmo mais a possibilidade de não escolher e simplesmente comprar um objeto em função do uso — nenhum objeto hoje se propõe assim no "grau zero" da compra. Por bem ou por mal, a liberdade que temos de escolher nos constrange a entrar em um sistema cultural. Esta escolha é pois especiosa: se a experimentamos como liberdade, sentimos menos que nos é imposta como tal e que através dela é a sociedade global que se impõe a nós. Escolher tal carro de preferência a outro talvez personalize você, mas é sobretudo o fato de escolher que o insere no conjunto da ordem econômica. "O simples fato de escolher este ou aquele objeto para com isso se distinguir dos outros é em si mesmo um serviço social" (Stuart Mill). Ao multiplicar os objetos, a sociedade desvia para eles a faculdade de escolher e neutraliza assim o perigo que sempre constitui para ela esta exigência pessoal. Fica claro a partir daí que a noção de "personalização" é mais do que um argumento publicitário: é um conceito ideológico fundamental de uma sociedade que visa, "personalizando" os objetos e as crenças, integrar melhor as pessoas.[6]

(5) Onde existe somente um tipo (o veículo na Alemanha Oriental, por exemplo) vem a ser um signo de penúria, anterior à sociedade de consumo propriamente dita. Qualquer sociedade só pode encarar tal estado como provisório.
(6) Voltaremos mais tarde a este sistema.

A diferença marginal

O corolário do fato de que todo objeto nos chega em nome de uma escolha é a circunstância de que no fundo nenhum objeto se propõe como objeto de série e sim todos como modelos. O menor objeto se distinguirá dos outros por alguma diferença: cor, acessório, detalhe. Esta diferença é sempre dada como específica:

— "Esta lata de lixo é absolutamente original, Gilac Décor a decorou com flores para você."

— "Este refrigerador é revolucionário: possui um novo compartimento de congelamento e um aquecedor para manteiga."

— "Este barbeador elétrico constitui o máximo do progresso: é hexagonal e antimagnético."

Na verdade tal diferença é marginal (segundo o termo de Riesman) ou antes, inessencial. Com efeito, ao nível do objeto industrial e da sua coerência tecnológica, a exigência de personalização só pode ser satisfeita no inessencial. Para personalizar os automóveis o produtor unicamente pode tomar um chassi de série, um motor de série, modificar algumas características exteriores ou acrescentar alguns acessórios. O automóvel na qualidade de objeto técnico essencial não pode ser personalizado, só os aspectos inessenciais é que o podem.

Naturalmente, quanto mais o objeto deve responder a exigências de personalização, mais suas características essenciais são sobrecarregadas de servitudes exteriores. A carroceria se sobrecarrega com acessórios, as formas transgridem as normas técnicas de fluidez e de mobilidade que são próprias de um carro. A diferença "marginal" não é pois somente marginal, vai mesmo de encontro à essência do ser técnico. A função de personalização não é somente um valor acrescentado, é um valor parasitário. Tecnologicamente não se pode conceber em um sistema industrial objeto personalizado que não perca por esta mesma circunstância sua tecnicidade otimal. Mas é a ordem de produção que carrega aqui a responsabilidade mais pesada, ao jogar sem reservas com o inessencial para promover o consumo.

Assim quarenta e duas combinações de cores, simples ou compostas, permitem a você escolher SEU Ariane e mesmo a guarnição de enfeite, ultra-especial, acha-se à venda no concessionário juntamente com o veículo. Pois, bem entendido, todas estas diferenças "específicas" são por sua vez retomadas e serializadas na produção industrial. *É esta seriação segunda que constitui a moda.* Finalmente tudo é modelo e não há mais modelos. Mas no fundo das séries limitadas sucessivas dá-se uma transição descontínua para as séries sempre mais limitadas fundadas sobre diferenças cada vez mais ínfimas e específicas. Não há mais modelos absolutos que se oponham categoricamente a objetos de série destituídos de valor. Pois, nesse caso, não haveria mais fundamento psicológico para a escolha, conseqüentemente não mais sistema cultural possível. Ou ao menos nenhum sistema cultural apto a integrar a sociedade industrial moderna no seu conjunto.

A idealidade do modelo

Como se mobiliza este sistema de personalização e integração? Pela circunstância de que, na diferença "específica", a realidade serial do objeto acha-se continuamente negada e condenada em benefício do modelo. Objetivamente vimos que esta diferença é inessencial. Freqüentemente oculta uma defecção técnica.[7] Trata-se de fato de uma diferença por carência. Ora, é ela vivida sempre como mérito, ligando-se à noção de valor, diferença por excesso. Não é pois necessário que existam, para cada categoria de objetos, modelos concretos, algumas não os têm: as diferenças ínfimas, sempre vividas positivamente, bastam para fazer a série repercutir adiante, para criar a aspiração para o modelo que pode ser somente virtual. As diferenças marginais são o motor da série e alimentam o mecanismo de integração.

Não se deve conceber série e modelo como dois termos de uma oposição sistemática: o modelo seria

(7) Cf. *"Gadgets* e robôs" e mais adiante, no mesmo capítulo, a desqualificação técnica dos objetos de série.

como uma essência que, dividida e multiplicada pelo conceito de massa, iria dar na série. Seria como um estado mais concreto, mais denso do objeto, que se veria em seguida cunhado, difundido em uma série à sua imagem. A oposição modelo/série evoca bastante freqüentemente uma espécie de processo entrópico, homólogo ao da degradação das formas mais nobres da energia para o calor. Esta concepção dedutiva da série a partir do modelo oculta a realidade vivida, em que o movimento é justamente ao inverso, o de uma indução contínua do modelo a partir da série — não de uma degradação (que seria propriamente inviável) mas de uma aspiração.

De fato, vemos que o modelo acha-se por toda a parte na série. É ele a menor diferença "específica" que distingue este objeto daquele. Observamos o mesmo movimento na coleção, em que cada termo é portador de uma diferença relativa que faz dele, por breve instante, um termo privilegiado — um modelo —, remetendo-se todas estas diferenças relativas umas às outras e resumindo-se na diferença absoluta, mas no fundo *unicamente na idéia* da diferença absoluta que é o Modelo. Este existe ou não existe. O Facel-Vega existe, mas todas as diferenças de cores ou de cilindrada remetem em última instância apenas à idéia da Facel-Vega. *É essencial que o modelo seja apenas a idéia do modelo.* É o que lhe permite estar presente por toda a parte em cada diferença relativa e integrar assim toda a série. A presença efetiva do Facel-Vega poria radicalmente em xeque a satisfação "personalizada" em qualquer outro veículo. Mas sua suposição idealizada serve ao contrário de disfarce, de recurso eficaz à personalização daquilo que justamente não é o Facel-Vega. O modelo não é nem pobre nem rico: é uma imagem genérica, feita da assunção imaginária de todas as diferenças relativas e cuja fascinação reside no próprio movimento que leva a série a se negar de uma diferença a outra, a de uma circulação intensa, de um se remeter multiplicado, de uma substituição indefinida — idealização formal da superação. É todo o processo evolutivo da série que se acha integrado e investido no modelo.

Aliás só o fato de que o modelo é apenas uma idéia torna possível o próprio processo da personalização. A consciência não poderia se personalizar em um objeto, isto é absurdo: ela se personaliza em uma diferença porque esta, remetendo a uma idéia de singularidade absoluta (o "Modelo"), permite remeter simultaneamente ao significado real que é a singularidade absoluta do usuário, do comprador ou, como vimos antes, do colecionador. Paradoxalmente, é pois através de uma idéia vaga e comum a todos que cada um vai se sentir absolutamente singular. E reciprocamente é singularizando-se continuamente segundo o leque das diferenças seriais que se reativa o consenso imaginário que constitui a idéia do modelo. Personalização e integração andam rigorosamente lado a lado. É o *milagre do sistema*.

Do modelo à série

O deficit técnico

Tendo analisado o jogo formal de diferenças pelo qual o objeto de série é dado e vivido como modelo, é preciso analisar desta vez as diferenças *reais* que distinguem o modelo da série. Pois o sistema ascendente de valorização diferencial em referência ao *modelo ideal* mascara evidentemente a realidade inversa da desestruturação e da desqualificação maciça do objeto de série em relação ao *modelo real*.

De todas as servidões que afetam o objeto de série, a mais evidente é aquela que concerne à sua durabilidade e à sua qualidade técnica. Os imperativos da personalização conjugando-se aos da produção fazem com que prolifere o acessório às custas do estrito valor de uso. Todas as inovações e os jogos da moda desde logo tornam o objeto mais frágil e mais efêmero. Esta tática é sublinhada por Packard (*op. cit.*, p. 63): "Pode-se limitar voluntariamente a duração de um objeto ou o tornar fora de uso ao se agir sobre — sua função: ele se rende a um outro tecnologicamente superior (mas isto é um progresso); — sua qualidade: ele se quebra ou se gasta depois de um determinado tempo, em geral bastante curto; — sua apresentação: é ele colocado voluntariamente fora da moda, cessa de agradar, ainda que guarde sua qualidade funcional..."

Os dois últimos aspectos deste sistema são solidários: a renovação acelerada dos modelos influi por si só sobre a qualidade do objeto — as meias serão oferecidas em todas as cores mas de qualidade inferior (ou então se terá economizado na pesquisa tecnológica para financiar uma campanha de publicidade). Mas se as flutuações dirigidas da moda não bastam para renovar a procura, terá de se recorrer a uma subfuncionalidade artificial: "o vício intencional de construção". Brook Stevens: "Todo mundo sabe que encurtamos intencionalmente a duração do que sai de nossas fábricas e que esta política é a própria base de nossa economia" (Packard, p. 62). Não é absurdo falar em última instância, como Oliver Wendell, "do maravilhoso cabriolé concebido tão racionalmente que se desmembrava de uma só vez em dia previsto antecipadamente" (*Ib.*, p. 65). Assim certas peças de carros americanos são feitas para durar somente sessenta mil quilômetros. A maior parte dos objetos de série poderiam ser, os próprios produtores o reconhecem discretamente, bem superiores em qualidade por um custo de produção sensivelmente igual: as peças "tornadas frágeis" custam tão caro quanto as normais. MAS O OBJETO NÃO DEVE ESCAPAR AO EFÊMERO E À MODA. É a característica fundamental da série: o objeto nela é submetido a uma fragilidade organizada. Em um mundo de abundância (relativa) *é a fragilidade que sucede à raridade como dimensão da carência*. A série é mantida à força em uma sincronia breve, em um universo perecível. NÃO É PRECISO QUE O OBJETO ESCAPE DA MORTE. Ao jogo normal do progresso técnico, que tenderia a absorver esta mortalidade do objeto, opõe-se a estratégia da produção que é empregada para alimentá-lo.[8] Fala-se no domínio da venda de uma "estratégia do desejo" (Dichter), pode-se falar aqui de uma estratégia da frustração: uma e outra se completam para assegurar a finalidade exclusiva da produção — que aparece hoje como uma

---

(8) Certamente esta tendência deveria ser reprimida pelo jogo da concorrência. Mas em uma sociedade de produção monopolística (E.U.A.), há muito tempo a concorrência real já não existe.

instância transcendente que tem sobre os objetos não apenas direito de vida como de morte.[9]

Quanto ao modelo, tem ele direito à duração (relativa, pois acha-se também empenhado no ciclo acelerado dos objetos). Tem direito à solidez e à "lealdade". Paradoxalmente prevalece hoje em um domínio que parece tradicionalmente reservado à série, e que é o valor de uso. Esta primazia se junta àquela da moda, as qualidades técnicas às qualidades de forma para constituir a "funcionalidade" superior do modelo.

O deficit de "estilo"

Paralelamente, quando se passa do modelo à série, as qualidades sensíveis do objeto diminuem ao mesmo tempo que as qualidades técnicas. A matéria, por exemplo: a poltrona que no Airborne é de aço e de couro será no Dubonbois de alumínio e de skai. A separação de vidro translúcido no interior modelo é de plástico no interior de série. O móvel inteiramente de madeira será de madeira branca folheada. O vestido de lã de primeira ou de seda pura será multiplicado na confecção em lã mescla ou em *rayon*. Com a matéria, é o peso, a resistência, o grão, o "calor", cuja desaparição em proporções variáveis marca a diferença. São os valores de contato, próximos das qualidades profundas que distinguem nitidamente o modelo, — os valores visuais de cor e de forma tendem mais facilmente a se transpor para a série porque se prestam melhor ao jogo de diferenciação marginal.

Contudo, deve ficar entendido que nem a forma nem a cor passam intactas para a série. O acabamento falta, a invenção: mesmo fielmente transpostas, as formas são sutilmente privadas de sua originalidade. O que falta à série não é pois tanto a matéria quanto uma certa coerência da matéria e da forma que constitui o caráter acabado do modelo. Esta coerência ou conjunto de relações necessárias é destruída em benefício do jogo diferencial das formas, das cores ou dos acessórios.

(9) Mas é preciso admitir que esta estratégia cínica não é a única que está em causa: há também cumplicidade psicológica do consumidor. Muitos ficariam consternados por ter de conservar durante vinte ou trinta anos o mesmo carro, mesmo que este satisfizesse plenamente suas necessidades. Sobre este ponto, cf. *"Gadgets* e robôs".

Ao estilo sucede uma combinatória. A desqualificação que assinalamos no plano técnico toma aqui o aspecto de uma desestruturação. No objeto-modelo não há detalhes nem jogo de detalhes: os Rolls-Royce são negros e somente negros.[10] Este objeto é fora de série, fora de jogo, — é com o objeto "personalizado" que o jogo se desenvolve proporcionalmente ao caráter serial (encontram-se então quinze ou vinte tinturas diferentes em uma mesma marca) — até que se volta à pura utensilidade em que novamente o jogo não mais existe (por muito tempo os Citroen foram todos de um cinzento que nem mesmo vinha a ser uma cor). O modelo tem uma harmonia, uma unidade, uma homogeneidade, uma coerência de espaço, de forma, de substância, de função — é uma sintaxe. O objeto de série é apenas justaposição, combinação fortuita, discurso inarticulado. Destotalizado, não é mais que soma de detalhes que levam mecanicamente às séries paralelas. Determinada poltrona é única pela conjunção do couro amarelo-queimado, do ferro negro, da linha geral, do espaço que circula ao seu redor. O objeto serial correspondente vê o seu couro se plastificar, a nuança amarelo-queimado desvanecer-se, o metal tornar-se mais leve ou ser galvanizado, os volumes deslocarem-se, a linha ser rompida e o espaço estreitado: é então o objeto inteiro que se desestrutura e sua substância devido a isso vai se reunir à série dos objetos em falso couro, sua cor amarelo-queimado tornada marrom é a de milhares de outras, os pés se confundem com todos os assentos tubulares, etc.: o objeto é somente uma compilação de detalhes e a encruzilhada de várias séries. Outro exemplo: este veículo de luxo é de um vermelho único: "único" significa não apenas que este vermelho não se encontra alhures em parte alguma mas que se acha absolutamente unido às outras qualidades do carro: não é um vermelho "a mais". Mas basta que o vermelho de um modelo mais "comercial" deixe de ser exatamente o mesmo para que de súbito venha a ser o vermelho de milhões de outros veículos, — e então esta cor vermelha cai ao nível do detalhe, do acessório: o veículo é

(10) Ou cinzentos: mas é o mesmo paradigma "moral" (cf. p. 38).

vermelho "também", como teria podido ser verde ou preto.

A diferença de classe

Isto nos ajuda a determinar o desnível entre modelo e série. Ainda mais do que a coerência é a nuança que distingue o modelo. Assiste-se hoje a um esforço de estilização dos interiores de série, a uma tentativa de "promoção do gosto ao nível das massas". Como regra geral, isto conduz ao monocronismo e ao monoestilo: "Tenha uma sala de estar barroca, ou uma cozinha azul! etc." Aquilo que é dado como "estilo" no fundo não passa de um estereótipo, generalização sem nuanças de um detalhe ou de um aspecto particular. É que a *nuança* (*na unidade*) é atribuída ao modelo enquanto que a *diferença* (*na uniformidade*) à série. As nuanças são infinitas, constituem as inflexões sempre renovadas, pela intervenção, conforme uma sintaxe livre. Já as diferenças são em número finito e resultam da flexão sistemática de um paradigma. Convém não se deixar enganar: se a nuança parece rara e a diferença marginal inumerável porque se beneficia de uma difusão maciça — estruturalmente é a nuança que é inesgotável (o modelo aqui se orienta para a obra de arte), já a diferença serial recai em uma combinatória finita, em uma tábua operatória cujo resultado muda continuamente com a moda, mas que, para cada momento sincrônico em que é vista, acha-se limitada e estreitamente submissa à ditadura da produção. No fim das contas, é proposta à imensa maioria, com as séries, um leque limitado — a uma ínfima minoria, uma graduação infinita de modelos. A um, um repertório (por vasto que seja) de elementos fixos ou dos mais prováveis — a outro, uma multiplicidade de oportunidades. A um, um código de valores catalogados, a outro, uma invenção sempre nova. É portanto com um estatuto de classe e com diferenças de classe que temos que nos haver.

O objeto de série compensa pela redundância de seus caracteres secundários a perda de suas qualidades fundamentais. Faz-se sobressignificar as cores, os contrastes, as linhas "modernas"; a modernidade é acentuada no momento em que os modelos dela se desligam. Enquanto que o modelo guarda uma respiração, uma discrição, um "natural" que constitui o ápice da cultura, o objeto de série é iludido na sua exigência por singularidade — ostenta uma cultura forçada, um otimismo de mau gosto, um humanismo primário. Tem sua escritura de classe, sua retórica, como o modelo tem a sua, que é de discrição, de funcionalidade velada, de perfeição e de ecletismo.[11]

Outro aspecto desta redundância: a acumulação. Há sempre objetos demais nos interiores de série. E se há objetos demais é que há muito pouco espaço. A raridade acarreta uma reação de promiscuidade, de saturação. E o número compensa a perda de qualidade dos objetos.[12] O modelo por sua vez tem seu espaço: nem muito próximo, nem muito afastado. O interior-modelo estruturado por suas distâncias relativas, terá de preferência tendência à redundância inversa que é a conotação por meio do vazio.[13]

O privilégio da atualidade

Outra distinção, do modelo à série: a do tempo. Vimos que o objeto de série foi feito para não durar. Como se dá nas sociedades subdesenvolvidas com gerações de homens, na sociedade de consumo gerações de objetos morrem rapidamente para que outras lhes sucedam — e se a abundância cresce é sempre nos limites de uma raridade calculada. Mas este é o problema da duração técnica do objeto. Outra coisa é o de sua atualidade vivida na moda.

Uma breve sociologia do objeto antigo nos mostra que o seu mercado é regido pelas mesmas leis e se organiza no fundo segundo o mesmo sistema modelo//série que o dos objetos "industriais". Nesta *olla podrida*

(11) Em um tal sistema, os dois termos podem somente sobressignificarem-se, cada um em função do outro e tornarem-se redundantes. Aliás esta redundância, esta sobressignificação, que é o modo psicossociológico vivido pelo sistema, que nunca é, como a descrição arrisca a sugerir, um puro sistema de oposições estruturais.

(12) Mas se a tradição burguesa, espontaneamente redundante (a casa costumava ser repleta como um ovo) se prestava à acumulação, as linhas mais "funcionais" da organização do espaço moderno a contradizem. O sobreinvestimento do espaço no interior moderno de série é pois uma inconseqüência mais grave ainda que no interior tradicional.

(13) Cf. p. 65: *A conotação formal*.

que vai do móvel barroco ao Chippendale passando pela secretária Médicis, o *Modern Style* e o falso rústico, observamos que o bem-estar e a cultura permitem procurar sempre mais alto na gama dos valores "qualificados" seu ponto de involução "pessoal". Há um *standing* da regressão, e segundo seus meios, poderemos adquirir um vaso grego autêntico ou um falso, uma ânfora romana ou uma bilha espanhola. O passado e o exótico em matéria de objetos têm uma dimensão social: cultura e rendimentos. Da classe rica, que se abastece na Idade Média, na *Haute Époque* ou na Regência em seu antiquário, à classe média cultivada que procura no comerciante de objetos de ocasião do mercado das Pulgas o cenário cultural da burguesia mesclada de campesinato "autêntico" — até o completamente rústico para o setor terciário (neste trata-se da decoração camponesa muito aburguesada da geração anterior, dos "estilos" provincianos, em verdade uma miscelânea não datada, com reminisciências de "estilo"): cada classe tem seu museu pessoal de ocasião. Somente ainda em larga medida o operário e o camponês não gostam do antigo. Não é que não tenham para isso nem o lazer, nem o dinheiro, é sobretudo porque não participam ainda do fenômeno de aculturação que afeta as outras classes (não o recusam consciente, eles lhe escapam). Contudo, tampouco gostam do moderno "experimental", da "criação", da vanguarda. O museu deles freqüentemente se reduzirá à quinquilharia mais humilde, a todo um folclore de animais de faiança e de terracota, de bibelôs, de xícaras, de *souvenirs* emoldurados etc., a toda uma imagística de Epinal que será vista ao lado do último modelo de aparelho eletrodoméstico. Tal fato não diminui nada da exigência de "personalização" que é a mesma para todos. Simplesmente cada um regressa para onde pode. A diferença agora culturalizada é que constitui o valor e este se paga. Na nostalgia cultural há assim, tanto quanto na atualidade da moda, modelos e séries.

Se observarmos neste leque aquilo que se qualifica como valor pleno, verificamos que é ou a extrema vanguarda, ou uma dimensão aristocrática do passado: ou é a *villa* de vidro e alumínio em linhas elípticas ou o castelo do século XVIII, é o futuro ideal ou o Antigo Regime. No extremo oposto, a série pura, o termo não marcado, situa-se não exatamente no tempo atual, que é, com o futuro, o tempo da vanguarda e do modelo, nem num passado transcendente que é privilégio da prosperidade e da cultura adquirida, mas antes num passado "imediato", passado indefinido que no fundo não é mais do que um tempo atrasado no presente, temporalidade intermediária em que se acham tombados os modelos de ontem. Na moda do vestuário a sucessão é mais rápida: os empregados vestem hoje trajes calcados na Alta Costura da estação passada. No mobiliário, aquilo que se constitui objeto de grande difusão é o que foi a moda de alguns anos ou de uma geração anterior. O tempo da série é o do lustro precedente: assim a maior parte das pessoas vive em matéria de móveis em um tempo que não é o seu, que é o da generalidade, da insignificância, do que não é nem moderno nem ainda antigo e sem dúvida jamais o virá a ser e que corresponde no tempo ao conceito impessoal de subúrbio no espaço. No fundo a série não representa unicamente em relação ao modelo a perda da singularidade, do estilo, da nuança, da autenticidade, representa a perda da dimensão real do tempo — pertence a uma espécie de setor vazio da cotidianidade, dimensão negativa, alimentada mecanicamente pela dessuetude dos modelos. Pois unicamente os modelos mudam: as séries apenas se sucedem atrás de um modelo que sempre escapa mais além. É o que constitui sua verdadeira irrealidade.

A desventura do indivíduo

"O produto mais procurado hoje", diz Riesman (*op. cit.*, p. 76), "não é mais alguma matéria-prima ou máquina, mas uma personalidade." Trata-se com efeito de uma verdadeira *coerção* de realização pessoal que persegue o consumidor atual no contexto de mobilidade obrigatória instituída pelo esquema modelo/série (aliás somente um aspecto de uma estrutura muito maior da mobilidade e da aspiração social). Em nosso caso, esta coerção é também um paradoxo: no ato de consumo personalizado fica claro que o indivíduo na sua exigência mesma de ser *sujeito*, somente se produz como *objeto* da demanda econômica. Seu projeto, filtrado e dividido antecipadamente pelo sistema sócio-econômico, é frustrado no próprio movimento que tende a realizá-lo. Sendo as "diferenças específicas" produzidas industrialmente, a escolha que ele pode vir a fazer é antecipadamente petrificada: o que permanece é apenas a ilusão de uma distinção pessoal. Querendo acrescentar este algo que a singularizará, a consciência se reifica ainda de mais perto, no detalhe. Este o paradoxo da alienação: a escolha viva se encarna nas diferenças mortas e ao fruí-las o projeto se nega a si mesmo e se desespera.

Tal é a função ideológica do sistema: a promoção estatutária nela é somente simulada uma vez que todas as diferenças são antecipadamente integradas. A própria decepção que penetra o conjunto é integrada pela fuga antes do sistema.

Pode-se falar de alienação? No seu conjunto, o sistema da personalização dirigida é vivido pela imensa maioria dos consumidores como liberdade. É somente para o olhar crítico que esta liberdade pode aparecer como formal, e a personalização no fundo como uma desventura do indivíduo. Mesmo neste caso em que a publicidade joga com a motivação vazia (marcas duplicadas para um mesmo produto, diferenças ilusórias, condicionamento variável etc.), em que a escolha acha-se antecipadamente presa na armadilha, é preciso admitir que mesmo as diferenças superficiais são reais a partir do momento em que são valorizadas como tal. Como contestar a satisfação daquele que compra para si uma lata de lixo decorada com flores ou um barbeador "antimagnético"? Teoria alguma das necessidades nos permite dar prioridade a uma satisfação vivida de preferência a outra. Se a exigência por valor pessoal é tão profunda que, à falta de outra coisa, encarna-se em um objeto "personalizado", como recusar este movimento e em nome de que essência "autêntica" do valor?

Ideologia dos modelos

Este sistema se apóia numa ideologia democrática; pretende ser a dimensão de um progresso social: possibilidade para todos de ter acesso pouco a pouco aos modelos, ascendência sociológica contínua que traria, uma após outra, todas as camadas da sociedade para o maior luxo material e, de diferença em diferença "personalizada", para mais perto do modelo absoluto. Ora:

1º Achamo-nos, em nossa sociedade de consumo, mais e mais afastados de uma igualdade diante do objeto. Pois a idéia de modelo refugia-se concretamente em diferenças sempre mais sutis e definitivas: tal comprimento de saia, tal nuança de vermelho, tal aperfeiçoamento estereofônico, as poucas semanas que separam a Alta Costura da difusão nas "Lojas Americanas", — todas coisas efêmeras e que se pagam muito caro. Uma aparência de igualdade é instituída pelo fato de que todos os objetos obedecem ao mesmo imperativo de "funcional". Mas esta democratização formal do estatuto cultural oculta, como já vimos, desigualdades mais graves, pois que afetam a própria realidade do objeto, sua qualidade técnica, sua substância, sua duração. Os privilégios do modelo cessaram de ser institucionais, são como que interiorizados mas justamente devido a isso, mais tenazes. Assim como as diferentes classes não têm acesso progressivamente à responsabilidade política depois da Revolução burguesa, de igual forma os consumidores não têm acesso à igualdade diante do objeto depois da Revolução industrial.

2º É um engodo tomar o modelo por um ponto ideal a que a série vai poder se unir. Os objetos possuídos não nos libertam enquanto seus possuidores e nos remetem à liberdade indefinida de possuir outros objetos: permanece apenas possível uma progressão na escala dos objetos, mas tal promoção resulta sem saída porque é ela mesma que alimenta a abstração inacessível do modelo. Como o modelo é no fundo simplesmente uma idéia, vale dizer uma *transcendência interior ao sistema,* este pode progredir continuamente, adiantar-se sempre: permanece não ultrapassável enquanto sistema. Não há qualquer possibilidade de que o modelo passe à série sem ser simultaneamente substituído por outro modelo. Todo o sistema progride em bloco, mas os modelos substituem-se uns aos outros sem jamais serem ultrapassados enquanto tais e sem que jamais as séries que se sucedem ultrapassem-se como séries. Os modelos caminham mais rapidamente que as séries, são atuais, enquanto que as séries flutuam em alguma parte entre o passado e o futuro: oprimem-se para tentar alcançá-los. Esta aspiração e esta decepção permanentes, dinamicamente orquestradas ao nível da produção, constituem a própria dimensão da caça ao objeto.

Há como que uma fatalidade. A partir do momento em que toda uma sociedade se articula e converge para os modelos, em que a produção se esforça por desestruturar sistematicamente os modelos em séries, as séries em diferenças marginais, em variantes combinatórias, até o ponto em que os objetos ganham um estatuto tão efêmero quanto as palavras e as imagens — quando pela flexão sistemática das séries o edifício inteiro torna-se paradigmático, mas em uma ordem irreversível — sendo a escala de estatuto fixa e as regras do jogo estatutário as mesmas para todos, — nesta convergência dirigida, nesta fragilidade organizada, nesta sincronia perpetuamente destruída, não há mais negatividade possível, contradição aberta, modificações de estrutura ou dialética social. Pois o movimento que parece, segundo a curva do progresso técnico, animar todo o sistema, não o impede de ser fixo e estável em si mesmo. Tudo se move, tudo muda a olhos vistos, tudo se transforma, e contudo nada muda. Uma sociedade desse tipo, lançada no progresso tecnológico, realiza todas as revoluções possíveis, mas são revoluções sobre si mesma. Sua produtividade crescente não leva a qualquer modificação estrutural.

2. O CRÉDITO

**Direitos e deveres
do cidadão consumidor**

Se os objetos se propõem hoje sob o signo da diferenciação e da escolha, propõem-se também (ao menos os objetos-chave) sob o signo do crédito. E da mesma maneira como, se o objeto lhe parece belo e bem vendido, a sua escolha lhe é "ofertada", de igual forma lhe são "ofertadas" as facilidades de pagamento como uma gratificação da ordem de produção. O crédito é subentendido como um direito do consumidor e no fundo como um direito econômico do cidadão. Qualquer restrição às possibilidades de crédito é experimentada como uma medida de retorsão por parte do Estado, uma supressão do crédito (aliás impensável) seria vivida pelo conjunto da sociedade como supressão de uma liberdade. Ao nível da publicidade o crédito constitui argumento decisivo na "estratégia do desejo" e atua tal como qualquer qualidade do objeto: está em pé de igualdade na motivação de compra com a escolha, a "personalização" e a fabulação publicitária da qual vem a ser o complemento tático. O contexto psicológico é o mesmo: a antecipação do modelo na série torna-se aqui a antecipação do gozo dos objetos no tempo.

O sistema do crédito não afeta em direito o objeto de série mais que o modelo e nada o impede de comprar um Jaguar a prestações. É contudo um fato e quase uma lei costumeira que o modelo de luxo se compra à vista e que o objeto comprado a crédito tem bem poucas probabilidades de ser um modelo. Há uma lógica do *standing* que faz com que um dos privilégios do modelo seja justamente o prestígio da compra à vista, enquanto que a pressão dos dias de vencimentos acrescenta-se ainda ao *deficit* psicológico que pertence aos objetos de série.

Um certo pudor há longo tempo pressentiu no crédito algum perigo moral e enfileirou a compra à vista no rol das virtudes burguesas. Pode-se contudo admitir que estas resistências psicológicas diminuem progressivamente. Persistem onde se encontram sobrevivências da noção tradicional de propriedade e afetam sobretudo a pequena classe dominante, fiel aos conceitos de herança, de economia e de patrimônio. Estas sobrevivências desaparecerão. Se outrora a propriedade passava adiante do uso, hoje se dá o inverso, pois a extensão do crédito traduz, entre outros aspectos definidos por Riesman, a passagem progressiva de uma civilização do "monopólio" a uma civilização da prática. O usuário "a crédito" aprende pouco a pouco a usar em completa liberdade o objeto como se este fosse "seu". Com a ressalva de que o próprio tempo em que ele o paga é aquele em que o usa: o "vencimento" do objeto acha-se ligado à sua decadência (costuma-se dizer que os cálculos das firmas americanas chegam por vezes a fazer coincidir os dois períodos). Isto implica sempre o risco, em caso de estrago ou perda, de que o objeto seja posto de lado sem ter sido completado o seu pagamento. Tal risco define, mesmo quando o crédito parece perfeitamente integrado à vida cotidiana, uma insegurança que jamais se verificou com o objeto "patrimonial". Este último é meu: eu o tenho quitado. O objeto a crédito será meu quando "tiver sido pago": algo parecido com o futuro anterior.

Esta angústia relativa aos vencimentos é muito particular e termina por constituir um processo paralelo que pesa dia a dia sem que a relação objetiva aflore à consciência: ela obseda o projeto humano, não a prática imediata. Hipotecado, o objeto lhe escapa no tempo, no fundo sempre lhe escapou. E esta fuga reúne em um outro plano aquela do objeto de série que escapa continuamente para o modelo. Esta dupla fuga compõe a fragilidade latente, a decepção sempre próxima ao mundo de objetos que nos rodeia.

O sistema do crédito no fundo somente esclarece um modo muito geral de relação para com os objetos no contexto moderno. Não é necessário com efeito ter diante de si quinze meses de prestações de carro, de refrigerador e de televisão para levar uma existência a crédito: a dimensão modelo/série, com sua ênfase posta no modelo, já é a da "desvantagem" (do *handicap*). Dimensão da promoção social é também a da aspiração desvantajosa. *Achamo-nos continuamente em atraso com relação a nossos objetos*. Estão eles aí e encontram-se já um ano à frente, na última prestação que os saldará ou no próximo modelo que os substituirá. O crédito não faz mais do que transpor para a ordem econômica uma situação psicológica fundamental: a pressão de sucessão é a mesma, econômica na ordem do vencimento das prestações, psicossociológica na sucessão sistemática e acelerada das séries e dos modelos — de qualquer maneira vivemos nossos objetos pelo modo de temporalidade imposta, hipotecada. Se quase não há mais prevenção contra o crédito é porque talvez no fundo todos os nossos objetos sejam hoje vividos como objetos a crédito, como fianças da sociedade no todo, fianças sempre revisáveis, sempre flutuantes, tomadas por uma inflação e desvalorização crônicas. Da mesma forma que a "personalização" nos tinha aparecido como algo mais que um artifício publicitário: um conceito ideológico de base, assim também o crédito é algo mais que uma instituição econômica: é uma dimensão fundamental de nossa sociedade, uma ética nova.

A precedência do consumo:
Uma ética nova

Toda uma geração viu desvanecer-se o conceito de patrimônio e de capital fixo. Até à geração passada, os objetos adquiridos constituíam propriedade absoluta, materializando um trabalho realizado. Não vai longe o tempo em que a compra da sala de jantar, do carro, constituíam o termo de um longo esforço de economia. Trabalhava-se sonhando adquirir: a vida é vivida à maneira puritana do esforço e da recompensa, mas quando os objetos se acham presentes, é que foram ganhos, constituem quitação do passado e segurança para o porvir. Um capital. Hoje, os objetos se apresentam antes de terem sido adquiridos, antecipam-se à soma de esforços e do trabalho que representam, *seu consumo por assim dizer precede sua produção*. Certamente não tenho mais para com eles, dos quais somente me sirvo, responsabilidade patrimonial, não me foram legados por ninguém e a ninguém os legarei. É outra a pressão que exercem: acham-se como que suspensos acima de mim, que os devo pagar. Não me acho mais dependente por meio deles da família nem de um grupo tradicional; em compensação, torno-me dependente da sociedade toda e de suas instâncias (ordem econômica e financeira, flutuações da moda, etc.). Vai ser preciso resgatá-los todo mês, renová-los todos os anos. A partir deste ponto tudo muda, o sentido que eles têm para mim, o projeto que encarnam, seu porvir objetivo e o meu. Pensemos que se, durante séculos, foram os homens cujas gerações sucederam-se em um cenário estável de objetos, que sobreviveram a eles, hoje são as gerações de objetos que se sucedem a um ritmo acelerado em uma mesma existência individual. Se antes, era o homem que impunha seu ritmo aos objetos, hoje são os objetos que impõem seus ritmos descontínuos aos homens, sua maneira descontínua e súbita de se apresentarem, de se alterarem ou de substituírem-se uns aos outros sem envelhecer. O estatuto de uma civilização inteira muda desta forma com o modo de presença e de fruição dos objetos cotidianos. Na economia doméstica patriarcal fundada sobre a herança e a estabilidade da renda, jamais o consumo precede a produção. Em boa lógica cartesiana e moral o trabalho no caso precede sempre o fruto do trabalho como a causa precede o efeito. Este modo de acumulação ascética feito de previsão, sacrifício, de reabsorção das necessidades em uma tensão do indivíduo, toda esta civilização da economia teve seu período heróico para se extinguir na silhueta anacrônica do homem de rendas e do homem de rendas arruinado que faz no século XX a experiência histórica da inutilidade da moral e do cálculo econômico tradicionais. À força de viver na medida de seus meios, gerações inteiras terminaram por viver bem abaixo de seus meios. Trabalho, mérito, acumulação, todas estas virtudes de uma era que culmina no conceito de propriedade são ainda sensíveis nos objetos que as testemunham e com que as gerações perdidas assombram os interiores pequeno-burgueses.

A coerção da compra

Hoje, uma nova moral nasceu: precedência do consumo sobre a acumulação, fuga para a frente, investimento forçado, consumo acelerado, inflação crônica (torna-se absurdo economizar): todo o sistema resulta disto, em que se compra primeiro para em seguida se resgatar o compromisso por meio do trabalho. Volta-se assim, com o crédito, a uma situação propriamente feudal, a de uma fração de trabalho devida antecipadamente ao senhor, ao trabalho escravo. Contudo, à diferença do sistema feudal, o nosso atua através de uma cumplicidade: o consumidor moderno integra e assume espontaneamente esta obrigação sem fim: comprar a fim de

que a sociedade continue a produzir, a fim de se poder pagar aquilo que foi comprado. Os *slogans* americanos exprimem isto muito bem (Packard, p. 26):
"Comprar é continuar a trabalhar!
Comprar é ter o porvir assegurado!
Uma compra hoje é um desempregado a menos. Talvez você!
Compre hoje a prosperidade e você a terá amanhã!"

Ilusionismo notável: esta sociedade que lhe confere crédito, ao preço de uma liberdade formal, é você que a ela dá crédito ao lhe alienar seu porvir. Certamente a ordem de produção vive primeiro da exploração da força de trabalho, mas reforça-se hoje com este consenso circular, esta colusão, que faz com que a própria sujeição seja vivida como liberdade e se autonomize portanto como sistema duradouro. Em cada homem o consumidor é cúmplice da ordem de produção e sem relação com o produtor — ele próprio simultaneamente — que é vítima dela. Esta dissociação produtor-consumidor vem a ser a própria mola da integração: tudo é feito para que não tome jamais a forma viva e crítica de uma contradição.

O milagre da compra

A virtude do crédito (como da publicidade) é com efeito o desdobramento da compra e das suas determinações objetivas. Comprar a crédito equivale à apropriação total de um objeto por uma fração do seu valor real. Um investimento mínimo para um lucro grandioso. As prestações se esfumam no futuro, o objeto é como que adquirido ao preço de um gesto simbólico. Este processo assemelha-se ao do mitômano: ao preço de uma história imaginária o mitômano obtém do interlocutor uma consideração desproporcional. Seu investimento real é mínimo, o lucro, extraordinário: é quase pela garantia de um signo que ele se apodera dos prestígios da realidade. Também ele vive a crédito através da consciência dos outros. Ora, esta inversão da *praxis* normal de transformação do real, que vai do trabalho ao produto do trabalho e que baseia a temporalidade tradicional da lógica do conhecimento como da *praxis* cotidiana, esta antecipação do proveito das coisas vem a ser o próprio processo da magia. E aquilo que o comprador consome e assume no crédito ao mesmo tempo que o objeto antecipado é o mito da funcionalidade mágica de uma sociedade capaz de lhe oferecer tais possibilidades de realização imediata. Certamente, será confrontado muito depressa com a realidade sócio-econômica, assim como o mitômano mais dia menos dia se defrontará com o papel que antecipou. Desmascarado, o mitômano entra em falência ou se desembaraça contando uma outra estória. O comprador à crédito também tropeçará sobre os vencimentos e há fortes probabilidades de que procure consolo psicológico com a compra de outro objeto a crédito. A fuga para a frente é a regra desta ordem de comportamento e o traço mais admirável nos dois casos é que não há nunca possibilidade de conclusão: nem com o mitômano entre a estória que narra e o fracasso que experimenta (ele não tira disso qualquer lição de realidade), nem com o comprador a crédito entre sua mágica liberalidade da compra e os vencimentos que é preciso pagar em seguida. O sistema do crédito coloca aqui um máximo à irresponsabilidade do homem frente a si mesmo: aquele que compra aliena aquele que paga, trata-se do mesmo homem mas o sistema, pelo seu desnível no tempo, faz com que não se tenha consciência disso.

Ambigüidade do objeto doméstico

Em resumo o crédito, sob pretexto de favorecer uma civilização de usuários modernos, finalmente libertos das coerções da propriedade, instaura ao contrário todo um sistema de integração onde se misturam a sócio-mitologia e a pressão econômica brutal. O crédito não é apenas uma moral; é uma política. A tática do crédito conjuga-se à de personalização para dar aos objetos uma função sócio-política que antes nunca tiveram. Não vivemos mais o tempo da servidão, tampouco o da usura: tais forças tornam-se abstratas e amplificadas na dimensão do crédito. Dimensão social, dimensão do tempo, dimensão das coisas. Através dela e da estratégia que a impõe, os objetos desempenham seu papel de aceleradores, de multiplicadores de tarefas, de satisfações, de despesas — tornam-se um agente de transmissão, sua própria inércia torna-se força centrífuga que impõe à vida cotidiana seu ritmo de fuga para a frente, de impasse e desequilíbrio.

Ao mesmo tempo, os objetos sobre os quais sempre se dobrara o universo doméstico para escapar ao social, agrilhoam ao contrário hoje o universo doméstico nos circuitos e nas obrigações do universo social. Por meio do crédito — gratificação e liberdade formal, mas também sanção social, sujeição e fatalidade no próprio âmago das coisas — o doméstico é atingido diretamente: encontra uma espécie de dimensão social, mas para o pior. É no limite absurdo do crédito, no caso por exemplo em que o vencimento das prestações imobiliza o carro por falta de gasolina, quer dizer no ponto limite em que o projeto humano, filtrado e dividido pela coerção econômica, devora-se a si mesmo, é então que aparece uma verdade fundamental da ordem atual, que é a de que *os objetos não existem absolutamente com a finalidade de serem possuídos e usados mas sim unicamente com a de serem produzidos e comprados*. Em outros termos, eles não se estruturam em função das necessidades nem de uma organização mais racional do mundo, mas se sistematizam em função exclusiva de uma ordem de produção e de integração ideológica. De fato, não existem mais propriamente objetos privados: através de seu uso multiplicado, é a ordem social de produção que persegue, com sua própria cumplicidade, o mundo íntimo do consumidor e de sua consciência. Com este investimento em profundidade desaparece igualmente a possibilidade de contestar eficazmente tal ordem e de ultrapassá-la.

3. A PUBLICIDADE

**Discurso sobre os objetos
e discurso-objeto**

Uma análise do sistema *dos* objetos implica finalmente em uma análise do discurso *sobre* o objeto, da "mensagem" publicitária (imagem e discurso). Como a publicidade não é um fenômeno suplementar ao sistema dos objetos, não se poderia isolá-la, tampouco restringi-la à sua "justa" medida (uma publicidade de informação estrita). Se ela se tornou uma dimensão irreversível deste sistema é na sua própria desproporção. É na sua desproporção que ela constitui o seu coroamento "funcional". A publicidade constitui no todo um mundo inútil, inessencial. Pura conotação. Não tem qualquer responsabilidade na produção e na prática direta das coisas e contudo retorna integralmente ao sistema dos objetos, não somente porque trata do consumo, mas porque se torna objeto de consumo. É preciso distinguir direito esta dupla determinação: é discurso sobre o objeto e ela própria objeto. E é enquanto discurso inútil, inessencial que se torna consumível como objeto cultural. Trata-se de todo o sistema analisado anteriormente ao nível dos objetos: sistema de personalização, de diferenciação forçada e de proliferação do inessencial, de degradação da ordem técnica em uma ordem de produção e de consumo, de disfunções e de funções segundas que encontra na publicidade sua autonomia e sua realização. Como sua função é quase inteiramente segunda, como imagem e discurso são no caso grandemente alegóricos, a publicidade constituirá o objeto ideal e revelador deste sistema de objetos. Porque se designa a si própria como todos os sistemas fortemente conotados,[1] é ela que melhor nos dirá o que consumimos *através* dos objetos.

O imperativo
e o indicativo publicitários

A publicidade tem por tarefa divulgar as características deste ou daquele produto e promover-lhe a venda. Esta função "objetiva" permanece em princípio sua função primordial.[2]

Da informação a publicidade passou à persuasão, depois à "persuasão clandestina" (Vance Packard) que visa agora a um consumo dirigido: tem-se ficado muito amedrontado ante a ameaça de um condicionamento totalitário do homem e de suas necessidades. Ora, pesquisas mostraram que a força de impregnação publicitária era menor do que se pensava: rapidamente produz-se uma reação por saturação (as diversas publici-

---

(1) Como o da moda (R. Barthes).

(2) Não esqueçamos todavia que as primeiras publicidades falavam de poções miraculosas, dos remédios caseiros e outros truques: conseqüentemente informação, mas das mais tendenciosas.

dades se neutralizam umas às outras ou cada uma por seus excessos). De outro lado, a injunção e a persuasão levantam contra-motivações de todo tipo e resistências (racionais ou irracionais: reação à passividade, não se quer ser "possuído", reação à ênfase, à repetição do discurso, etc.), em suma, o discurso publicitário dissuade ao mesmo tempo que persuade e parece que o consumidor é, se não imunizado, pelo menos um usuário bastante livre da mensagem publicitária.

Isto posto, a função explícita da publicidade não nos deve enganar: se não se trata desta ou daquela marca particular (Omo, Simca ou Frigidaire) a respeito da qual a publicidade persuade o consumidor, trata-se de outra coisa mais fundamental para a ordem da sociedade global; Omo ou Frigidaire não passam de um *alibi*.

Assim como a função do objeto pode em último caso não passar de um *alibi* para as significações latentes que impõe, assim também na publicidade — e tanto mais amplamente por se tratar de um sistema de conotação mais puro, — o produto designado (sua denotação, sua descrição) tende a ser somente um *alibi* sob cuja evidência se desenrola toda uma confusa operação de integração.

Se resistimos cada vez mais ao *imperativo* publicitário, tornamo-nos ao contrário cada vez mais sensíveis ao *indicativo* da publicidade, isto é, à sua própria *existência* enquanto segundo produto de consumo e *manifestação* de uma cultura. É nesta medida que nela "acreditamos"; o que consumimos nela é o luxo de uma sociedade que se dá a ver como autoridade distribuidora de bens e que é "superada" em uma cultura. Somos investidos ao mesmo tempo de uma autoridade e de sua imagem.

A lógica do Papai Noel

Os que negam o poder de condicionamento da publicidade (dos *mass media* em geral) não apreenderam a lógica particular de sua eficácia. Não mais se trata de uma lógica do enunciado e da prova, mas sim de uma lógica da fábula e da adesão. Não acreditamos nela e todavia a mantemos. No fundo a "demonstração" do produto não persuade ninguém: serve para racionalizar a compra que de qualquer maneira precede ou ultrapassa os motivos racionais. Todavia, sem "crer" neste produto, *creio na publicidade que quer me fazer crer nele*. É a velha história do Papai Noel: as crianças não mais se interrogam sobre a sua existência e jamais a relacionam com os brinquedos que recebem como causa e efeito — a crença no Papai Noel é uma fabulação racionalizante que permite preservar na segunda infância a miraculosa relação de gratificação pelos pais (mais precisamente pela mãe) que caracterizara as relações da primeira infância. Esta relação miraculosa, completada pelos fatos, interioriza-se em uma crença que é o seu prolongamento ideal. Esse romanesco não é artificial pois se funda no interesse *recíproco* que as duas partes têm em preservar essa relação. O Papai Noel em tudo isso não tem importância e a criança só acredita nele porque no fundo não tem importância. O que ela consome através desta imagem, desta ficção, deste *alibi* — e em que acreditará mesmo quando deixar de crer — é o jogo da miraculosa solicitude dos pais e as cautelas que tomam para serem cúmplices da fábula. Os presentes somente sancionam tal compromisso.[3]

A operação publicitária é da mesma ordem. Nem o discurso retórico, nem mesmo o discurso informativo sobre as virtudes do produto têm efeito decisivo sobre o comprador. O indivíduo é sensível à temática latente de proteção e de gratificação, ao cuidado que "se" tem de solicitá-lo e persuadi-lo, ao signo, ilegível à consciência, de em alguma parte existir alguma instância (no caso, social, mas que remete diretamente à imagem da mãe) que aceita informá-lo sobre seus próprios desejos, preveni-los e racionalizá-los a seus próprios olhos. Portanto ele não "acredita" na publicidade mais do que a criança no Papai Noel. O que não o impede de aderir da mesma forma a uma situação infantil inte-

(3) Os placebos são substâncias neutras que os médicos administram aos doentes psicossomáticos. Não é raro que estes doentes se restabeleçam tanto graças a tal substância não ativa como pela ação de um medicamento real. O que integram, o que assimilam estes doentes por meio dos placebos? A idéia da medicina + a presença do médico. A mãe e o pai a um só tempo. Ainda neste caso a crença lhes ajuda a recuperar uma situação infantil e a resolver regressivamente um conflito psicossomático.

riorizada e de se comportar de acordo com ela. Daí a eficácia bem real da publicidade, segundo uma lógica que, apesar de não ser a do condicionamento-reflexo, não é menos rigorosa. lógica da crença e da regressão.[4]

A instância maternal:
A poltrona Airborne

Às vezes esta mitologia exprime-se claramente no discurso publicitário[5] tal como o cartaz de propaganda difundido pela Airborne (poltronas, canapés, assentos). Sob o título: "O verdadeiro conforto não se improvisa", (cuidado com a facilidade: o conforto é passivo, é preciso torná-lo ativo, é preciso "criar" condições para a passividade), imediatamente se acentua o caráter moderno e científico do empreendimento: "Um bom assento é a síntese de quatro fatores: estética, conforto, solidez, acabamento Para criar semelhante obra-prima as qualidades ancestrais do artesão não são suficientes. Certamente permanecem indispensáveis e estão sempre ancoradas o mais profundamente no coração dos trabalhadores do móvel" (garantia-passado, segurança moral: as tradições são conservadas e ultrapassadas pela revolução industrial), "mas, em nossa época, um bom assento deve ser fabricado segundo as normas e os métodos que regem o mundo econômico moderno" (Esta poltrona não poderia ser uma simples poltrona, aquele que a compra deve sentir-se solidário com uma sociedade técnica — cujas normas lhe são evidentemente secretas: a poltrona transforma-o num cidadão da sociedade industrial.) "Esta sociedade (Airborne), que satisfaz o conforto de milhares de lares franceses, tornou-se com efeito uma indústria, com seus escritórios de estudos, seus engenheiros, seus artistas criadores, e também suas máquinas, seus estoques de matérias-primas, sua assistência técnica, sua rede comercial, etc." (o consumidor deve estar plenamente consciente de que a

---

(4) Seria necessário, mas este não é o lugar oportuno, estender tal análise às comunicações de massa em geral.

(5) Mas ela não necessita absolutamente exprimir-se para se fazer presente de forma eficaz: a imagem publicitária apenas já basta para impô-la.

revolução industrial aconteceu por causa dele, e de que hoje todas as estruturas coletivas convergem para as qualidades desta poltrona que convergem por sua vez para sua personalidade. Eis edificado a seus olhos todo um universo orientado para uma finalidade sublime: sua satisfação). Perspectiva confirmada pelo que se segue: "Uma boa poltrona é um assento no qual todos os membros da família se sentem à vontade. Nenhuma necessidade de o adaptar ao seu peso ou tamanho: ele é que deve esposar suas formas." (Não há necessidade alguma de mudar qualquer coisa na sociedade ou em vocês mesmos uma vez que houve a revolução industrial: é a sociedade técnica inteira que se adapta a vocês por meio da poltrona que esposa suas formas.) Outrora as normas morais queriam que o indivíduo se adaptasse ao conjunto social mas tratava-se da ideologia passada de uma era de produção: em uma era de consumo ou que assim se pretende, é a sociedade global que se adapta ao indivíduo. Não somente vai ao encontro de suas necessidades, como toma bastante cuidado em se adaptar não a esta ou àquela necessidade sua mas ao indivíduo próprio pessoalmente: "Você reconhecerá um assento Airborne por causa disto: quando você se senta é sempre na SUA poltrona, na SUA cadeira, no SEU sofá, com a impressão confortável de ter um assento feito sob medida para você". Resumamos esta metassociologia da conformidade: através do devotamento, da submissão, das afinidades secretas desta poltrona para com SUA pessoa, é dado também a você crer no devotamento deste industrial e de seus serviços técnicos, etc. Nesta poltrona onde na maior boa fé pode-se todavia sentar com prazer — é realmente muito funcional — é preciso reconhecer a essência de uma sociedade definitivamente civilizada, acostumada à idéia da felicidade, da SUA felicidade e que dispensa espontaneamente a cada um de seus membros os meios de efetivá-la.

Este discurso ideológico prolonga-se até nas considerações sobre a matéria e a forma. "Materiais novos para afirmar o estilo de nossa época", continua o texto publicitário, "depois da idade da pedra e da madeira, vivemos, em matéria de mobiliário, a idade do aço."

"O aço é a estrutura", etc. Contudo se o aço arrebata, é também uma matéria dura, muito próxima do esforço, da necessidade de adaptação para o indivíduo — por isso veja como se transforma e fica à mercê, como a "estrutura" se humaniza: "Sólido, indeformável, o aço, mais flexível ainda quando se transforma em camadas de molas. Macio e confortável quando revestido de verdadeira espuma de látex. Estético, pois que se casa (ainda!) perfeitamente com o calor dos tecidos de hoje." A estrutura é sempre violenta, a violência, angustiante. Mesmo ao nível do objeto, ela arrisca comprometer a relação do indivíduo com a sociedade. Para pacificar a realidade é preciso salvar a quietude das aparências. Assim será a poltrona, passando do aço ao tecido como por transmutação natural para agradar a você, um espelho de força e de tranquilidade. E a "estética" certamente recobre para completar "a estrutura", celebrando as núpcias definitivas do objeto com a "personalidade". Ainda aí, a retórica sobre as substâncias implica um condicionamento da relação social. Como não reconhecer nesta estrutura reduzida à forma, nesta tenacidade reconciliada, neste esquema "nupcial" de síntese difundido por toda a parte e onde a satisfação joga com a reminiscência da vontade, neste fantasma fálico de violência o aço), mas como que descansado e embalado por sua própria imagem, como não reconhecer um esquema de colusão global com o mundo, um esquema de solução total das tensões em uma sociedade maternal e harmoniosa?

Assim não nos achamos, com a publicidade, "alienados", "mistificados" por temas, palavras, imagens, mas antes conquistados pela solicitude que se tem ao falar conosco, nos fazer ver, em ocupar-se conosco. Riesman (*op. cit.*, pp. 254-265) e outros teóricos críticos da sociedade americana, mostram bem como o produto cada vez mais é julgado, não pelo seu valor intrínseco, mas pelo interesse que, através dele, a firma toma por nossa existência, pela atenção que dá ao público.[6] Assim é que o indivíduo é lentamente condicionado por meio

---

(6) Assim nas emissões radiofônicas patrocinadas por determinado produto, a injunção publicitária é mínima em relação ao conluio afetivo "Isto é oferecido a você por Sunil".

deste consumo sem trégua, satisfatório (e frustrador), glorioso (e culpabilizante) de todo o corpo social.

O que a publicidade acrescenta aos objetos, sem o que "eles não seriam o que são" — é o "calor". Qualidade moderna que já havíamos reconhecido como sendo a mola da "ambiência": assim como as cores são quentes ou frias (não vermelhas ou verdes), assim como a dimensão determinante da personalidade (em uma sociedade extrovertida, Riesman, p. 217) é o calor ou a frieza, de igual modo os objetos são quentes ou frios, isto é, indiferentes, hostis ou espontâneos, sinceros, comunicativos: "personalizados". Não se propõem mais a determinado uso estrito — prática grosseira e arcaica — entregam-se, desdobram-se, procuram você, provam-lhe que existem graças à profusão de seus aspectos, por sua expansividade. Você é visado, *amado* pelo objeto. E porque é amado, você se sente existir: você é "personalizado". Isto é o essencial: a própria compra é secundária. Se a abundância dos produtos põe fim à *raridade,* a profusão publicitária põe fim por sua vez à *fragilidade.* Pois que o pior é existir com a necessidade de inventar para si próprio motivações para agir, amar, comprar. Cada um se encontra então posto frente a frente com o seu próprio desconhecimento, inexistência, má-fé e angústia. Qualquer objeto será considerado mau enquanto não resolver esta culpabilidade de não saber o que quero ou o que sou.[7] Se o objeto me ama (e ele me ama através da publicidade), estou salvo. Assim a publicidade (como o conjunto de *public relations*) dissipa a fragilidade psicológica com imensa solicitude, à qual respondemos interiorizando o apelo que nos solicita, a imensa firma produtora não apenas de bens, mas de calor comunicativo que vem a ser a sociedade global de consumo.

Imaginemos ainda que em uma sociedade em que tudo se acha rigorosamente submetido às leis da venda e do lucro, a publicidade é o produto mais democrático, o único que é "ofertado" e ofertado a todos. O objeto

---

(7) Assim os habitantes de um subúrbio americano protestam não contra as faltas objetivas dos serviços municipais, mas contra aquelas do serviço psicológico: não se tem feito psicologicamente aquilo que faltava para os fazer aceitar a situação. (Riesman, p. 260).

lhe é vendido mas a publicidade lhe é "ofertada".[8] O jogo publicitário reconcilia-se assim habilmente com um ritual arcaico de dom e de presente, ao mesmo tempo que com a situação infantil de gratificação passiva pelos pais. Todos os dois visam transformar em relação pessoal a relação comercial pura.[9]

O festival do poder de compra

Esta função gratificante, infantilizante da publicidade, sobre a qual repousa nossa crença nela, nossa conivência por meio dela com o corpo social, é ilustrada igualmente na sua função lúdica. Tanto quanto a tranqüilidade que ela oferece de uma imagem jamais negativa, somos sensíveis à manifestação fantástica de uma sociedade capaz de ultrapassar a estrita necessidade dos produtos na superfluidade das imagens, somos sensíveis à sua virtude de espetáculo (aí também a mais democrática de todas), de jogo, de encenação. A publicidade desempenha o papel de cartaz permanente do poder de compra, real ou virtual, da sociedade no seu todo. Disponha ou não dele, eu "respiro" este poder de compra. Além do mais, o produto se dá à vista, à manipulação: ele se erotiza — não somente pela utilização explícita de temas sexuais,[10] mas pelo fato de que a compra, a apropriação pura e simples é no caso transformada numa manobra, num roteiro, em dança complexa, acrescentando ao procedimento prático todos os elementos do jogo amoroso: avanço, concorrência, obscenidade, namoro e prostituição (até mesmo a ironia). Ao mecanismo da compra (já investido de uma

(8) O mesmo se dá com a escolha (cf. "Modelos e séries"): o próprio objeto lhe é vendido, mas a "gama" dos objetos enquanto tal, "ofertada".

(9) Para que esta escolha e esta publicidade sejam "ofertadas" a você, foi preciso que mais créditos fossem dados à "personalização" dos modelos e à difusão publicitária, do que à pesquisa técnica fundamental: aquilo que lhe é "ofertado" a título psicológico é retirado da qualidade técnica do que lhe é vendido. Não se deve minimizar este processo que toma nas sociedades "desenvolvidas" uma envergadura colossal. Mas quem poderá dizer se a publicidade, suprimindo a fragilidade e satisfazendo ao imaginário, não cumpre uma função *objetiva* tão fundamental quanto o progresso técnico que satisfaz às necessidades materiais.

(10) Aliás, certos temas predominantes (seios, lábios) são talvez menos eróticos do que "nutritivos"

carga libidinal) substitui-se toda uma erotização da escolha e da despesa.[11] Nossa ambiência moderna dessa forma dá-se sem trégua, nas cidades sobretudo, com suas luzes e imagens, sua chantagem ao prestígio e ao narcisismo, à afeição e à relação forçada, aquela de uma espécie de festa a frio, de festa formal mas eletrizante, de gratificação sensual no vazio, por onde é ilustrado, iluminado, representado e frustrado o próprio processo da compra e do consumo, como a dança antecipa o ato sexual. E por meio da publicidade, como por meio das festas de outrora, a sociedade oferece à vista e ao consumo sua própria imagem.

Há neste caso uma função reguladora essencial. Como os sonhos, a publicidade fixa e desvia um potencial imaginário. Como os sonhos, permanece uma prática subjetiva e individual.[12] Ainda como os sonhos, existe sem negatividade e sem relatividade: nada de sinal de mais ou de menos — superlativa na sua essência, é de uma imanência total.[13] Se os sonhos de nossas noites são sem legendas, aquele que vivemos despertos pelos muros de nossas cidades, pelos jornais, pelas telas de cinema é coberto de legendas, é subtitulado de todos os lados, mas tanto um como o outro associam a fabulação mais viva às determinações mais pobres e, assim como os sonhos noturnos têm por função preservar o sono, os prestígios da publicidade e do consumo têm por função favorecer a absorção espontânea dos valores sociais ambientes e a regressão individual no consenso social.

Festa, imanência, positividade, é o mesmo que dizer que *a publicidade é antes consumida do que destinada a dirigir o consumo*. Como seria hoje um objeto que não se propusesse nas duas dimensões do discurso e da imagem (publicidade) e de uma gama de modelos (a escolha)? Seria psicologicamente inexistente. De igual

(11) O termo alemão para a publicidade (*die Werbung*) significa literalmente a procura amorosa. *Der umworbene Mensch*, tanto é o homem investido pela publicidade como o homem solicitado sexualmente.

(12) É conhecido o fracasso das campanhas publicitárias que visam mudar comportamentos sociais ou estruturas coletivas (contra o álcool, a conduta arriscada, etc.). A publicidade é refratária ao princípio (coletivo) de realidade. Visa o indivíduo em seu sonho pessoal. O único imperativo talvez eficaz é: Dê (porque penetra no sistema reversível da gratificação).

(13) As publicidades negativas ou irônicas são simples antífrases, artifício bem conhecido do sonho.

maneira, como seriam os cidadãos modernos se os objetos e os produtos não lhes fossem oferecidos na sua dupla dimensão da escolha e da publicidade? Não seriam *livres*. Compreende-se a reação destes dois mil alemães da Alemanha Ocidental entrevistados pelo Instituto Demoscópico de Allensbach, 60% eram de opinião que havia publicidade demais — mas quando tiveram que responder à pergunta: "Você prefere um excesso de publicidade (à maneira ocidental) ou um mínimo de publicidade de utilidade social (como na parte oriental)?", a maioria optou pela primeira solução, interpretando o próprio excesso da publicidade como um sinal direto não somente de abundância, mas de liberdade, logo como valor fundamental.[14] Mede-se aqui a conivência afetiva e ideológica que esta mediação espetacular cria entre indivíduo e sociedade. Caso se suprimisse toda a publicidade, cada qual iria se sentir frustrado diante dos muros despidos. Não apenas frustrado por deixar de ter uma possibilidade (mesmo irônica) de jogo e de sonho, porém mais profundamente pensaria que não se preocupam mais com ele. Ele sentiria saudade deste meio ambiente onde, por falta de participação social ativa, poderia participar, ao menos em efígie, do corpo social, de uma ambiência mais calorosa, mais maternal, mais colorida. Uma das primeiras reivindicações do homem no seu acesso ao bem-estar é a de que alguém se preocupe com seus desejos, com formulá-los e imaginá-los diante de seus próprios olhos (é ou se torna um problema em país socialista). A publicidade desempenha esta função fútil, regressiva, inessencial, mas, com isso, tanto mais profundamente exigida.

**Gratificação e repressão:
A dupla instância**

É preciso saber ouvir, através desta doce litania do objeto, o verdadeiro imperativo da publicidade. "Ve-

---

(14) É preciso levar em conta evidentemente a conjuntura política Leste-Oeste. Mas pode-se dizer também que a ausência da publicidade tal como eles a conhecem é um dos motivos reais (entre outros) de sua prevenção contra o Leste.

ja como a sociedade não faz mais do que se adaptar a você e a seus desejos. Portanto, é razoável que você se integre nesta sociedade." A persuasão, como diz Packard, faz-se clandestina, mas não visa tanto à "compulsão" de compra e ao condicionamento pelos objetos, quanto à adesão ao consenso social que este discurso sugere: o objeto é um serviço, é uma relação pessoal entre você e a sociedade. Que a publicidade se organize a partir da imagem maternal ou a partir da função lúdica, de qualquer modo ela visa a *um mesmo processo de regressão aquém dos processos sociais reais* de trabalho, de produção, de mercado e de valor, que correriam o risco de perturbar esta miraculosa integração: este objeto, você não o comprou, você emitiu o desejo de possuí-lo e todos os engenheiros, técnicos, etc. o gratificaram com ele. Numa sociedade industrial, a divisão do trabalho já dissocia o trabalho de seu produto. A publicidade coroa este processo, dissociando radicalmente, no momento da compra, o *produto* do *bem* de consumo: intercalando entre o trabalho e o produto do trabalho uma vasta imagem maternal, faz com que o *produto* não seja mais considerado como tal (com sua história, etc.), mas pura e simplesmente como bem, como *objeto*. Ao mesmo tempo que dissocia produtor e consumidor no mesmo indivíduo, graças à abstração material de um sistema muito diferenciado de objetos, a publicidade se empenha, em sentido inverso, em recriar uma confusão infantil entre o objeto e o desejo pelo objeto, em reconduzir o consumidor ao estágio em que a criança confunde sua mãe com o que ela lhe dá.

De fato, a publicidade não omite tão cuidadosamente os processos objetivos, a história social dos objetos senão para, através da instância social imaginária, melhor impor a ordem real de produção e de exploração. É aí que se precisa escutar, por trás da psicagogia publicitária, a demagogia e o discurso *político*, a tática deste discurso que repousa ainda aí sobre um desdobramento: o da realidade social em uma instância real e em uma imagem — a primeira se diluindo atrás da segunda, tornando-se ilegível e só dando lugar a um esquema de absorção na ambiência maternal. Quando a publicidade em suma lhe propõe: "A sociedade adapta-se totalmente a você, integre-se totalmente nela", é claro que a reciprocidade é falseada: é uma instância imaginária que se adapta a você, enquanto que, em troca, você se adapta a uma ordem bem real. Por meio da poltrona "que esposa as formas de seu corpo", você esposa e se responsabiliza por toda a ordem técnica e política da sociedade. A sociedade se faz maternal para melhor preservar uma ordem de coerções.[15] Vemos por aí o imenso papel *político* que desempenham a difusão dos produtos e as técnicas publicitárias: asseguram adequadamente a substituição das ideologias anteriores, morais e políticas. Melhor ainda: enquanto que a integração moral e política não se exerce sem problemas (necessitava lançar mão da repressão aberta), as novas técnicas economizam a repressão: o consumidor interioriza, no próprio movimento do consumo, a instância social e suas normas.

Esta eficácia é reforçada pelo próprio estatuto do signo publicitário e pelo processo de sua "leitura".

Os signos publicitários nos falam dos objetos, mas sem explicá-los com relação a uma *praxis* (ou muito pouco): de fato remetem os objetos reais como que a um mundo ausente. São literalmente "legenda", ou seja, acham-se aí primeiro para serem lidos. Se não remetem ao mundo real, tampouco o substituem exatamente: são signos que impõem uma atividade específica, a da leitura.

Se veiculassem uma informação, haveria leitura completa e transição para o campo prático. Mas desempenham outro papel: o de prova de ausência do que designam. Nesta medida a leitura, não transitiva, organiza-se em um sistema específico de *satisfação*, no qual, entretanto atua sem cessar a determinação de ausência do real: a *frustração*.

A imagem cria um vazio, visa a uma ausência — por isso é "evocadora". Mas é um subterfúgio. Provocando um investimento, ela provoca um curto-circuito ao nível da leitura. Faz convergir as veleidades flu-

---

[15] Por trás deste sistema de gratificação vemos além disso reforçarem-se todas as estruturas de autoridade: planificação, centralização, burocracia — partidos, Estados, aparelhos reforçam sua autoridade por trás desta vasta imagem maternal que torna cada vez menos possível sua contestação real.

tuantes sobre um objeto que mascara, ao mesmo tempo que o revela. Ela engana, *sua função é mostrar e decepcionar*. O olhar é presunção de contato, a imagem e sua leitura são presunção de posse. A publicidade assim não oferece nem uma satisfação alucinatória, nem uma mediação prática para o mundo: a atitude que suscita é a de veleidade enganada — empresa inacabada, ressurreição contínua, defecção contínua, auroras de objetos, auroras de desejos. Todo um rápido psicodrama se desenrola na leitura da imagem. Ela, em princípio, permite ao leitor assumir sua passividade e transformar-se em consumidor. De fato, a profusão de imagens é sempre usada para, ao mesmo tempo, elidir a conversão para o real, para alimentar sutilmente a culpabilidade por uma frustração contínua, para bloquear a consciência mediante uma satisfação de sonho. No fundo, a imagem e sua leitura não são de modo algum o caminho mais curto para um objeto, mas sim para uma outra imagem. Assim se sucedem os signos publicitários como as auroras de imagens nos estados hipnagógicos.

Precisamos reter bem esta função de omissão do mundo na imagem, função de frustração. Somente isto nos permite compreender como o *princípio de realidade omitido na imagem, nela, entretanto, transparece eficazmente como repressão contínua do desejo* (sua espetacularização, seu bloqueio, sua decepção e, finalmente, sua transferência regressiva e derrisória num objeto). É aqui que apreenderemos o acordo profundo do signo publicitário com a ordem global da sociedade: não é mecanicamente que a publicidade veicula os valores desta sociedade, é, mais sutilmente, por sua função ambígua de *presunção* — algo entre a posse e a ausência de posse, ao mesmo tempo designação e prova de ausência — de que o signo publicitário "faz passar" a ordem social em sua dupla determinação de gratificação e repressão.[16]

(16) Esta análise pode ser transposta ao sistema dos objetos. É porque o objeto é ambíguo, é por não ser apenas um objeto, mas sempre, ao mesmo tempo, *objetivo de ausência da relação humana* (assim como o signo publicitário é objetivo de ausência do objeto real), que o objeto pode, também ele, desempenhar um papel poderoso de integração. A especificidade prática do objeto, contudo, faz com que o objetivo de ausência do real seja aí menos acentuado que no signo publicitário.

Gratificação, frustração: as duas vertentes inseparáveis da integração. Sendo, cada imagem publicitária, legenda, dissipa a polissemia angustiante do mundo. Mas, para ser mais legível, ela se faz pobre e expedita — ainda suscetível de muitas interpretações, restringe seu sentido pelo discurso que a subtitula, como uma segunda legenda. E ela remete, sob o signo da leitura, sempre a outras imagens. Finalmente a publicidade tranqüiliza as consciências por meio de uma semântica social dirigida, e dirigida em última instância por um único significado, que é a própria sociedade global. Esta se reserva assim todos os papéis: suscita uma multidão de imagens, cujo sentido, ao mesmo tempo, esforça-se por reduzir. Suscita a angústia e a acalma. Cumula e engana, mobiliza e desmobiliza. Instaura, sob o signo da publicidade, o reino de uma liberdade do desejo. Mas nela o desejo nunca é efetivamente liberado — seria o fim da ordem social — o desejo é somente libertado na imagem em dose suficiente para desencadear os reflexos de angústia e de culpabilidade ligados à emergência do desejo. Seduzida pela imagem, mas enganada e tornada culpável também por ela, a veleidade do desejo é recuperada pela instância social. Profusão de liberdade, contudo imaginária, contínua orgia mental, contudo orquestrada, regressão dirigida em que todas as perversidades são resolvidas em benefício da ordem: se, na sociedade de consumo, a gratificação é imensa, a repressão também o é; recebemo-las conjuntamente na imagem e no discurso publicitários, que fazem o princípio repressivo da realidade atuar no próprio coração do princípio de prazer.

A presunção coletiva

Detergente Pax

A publicidade que silencia sobre os processos objetivos de produção e de mercado, também omite a sociedade real e suas contradições. Joga com a presença/ausência de um coletivo global, com a *presunção coletiva*. Este coletivo é imaginário mas, virtualmente consumido, basta para assegurar o condicionamento serial.

Considere-se por exemplo, um cartaz Pax. Nele se vê uma multidão imensa e indistinta que agita brancas bandeiras imaculadas (a brancura Pax) para um ídolo central, um gigantesco pacote de Pax, de reprodução fotográfica e dimensão igual, que se mostra de face para a multidão, no edifício da ONU, em New York. É bem claro que toda uma ideologia da paz e da candura alimenta a imagem; aqui entretanto consideramos sobretudo a hipóstase coletiva e seu uso publicitário. Persuade-se o consumidor no sentido de que ele, pessoalmente, deseja Pax, na medida em que, de antemão, se lhe apresenta sua imagem de síntese. Esta multidão é ele e seu desejo é evocado pela presunção, na imagem, do desejo coletivo. A publicidade é aqui muito hábil: todo desejo, mesmo o mais íntimo, ainda visa ao universal. Desejar uma mulher, é subentender que todos os homens são capazes de desejá-la. Nenhum desejo, nem mesmo sexual, subsiste sem a mediação de um imaginário coletivo. Talvez não possa sequer emergir sem este imaginário: quem poderia amar uma mulher, a qual tivesse certeza que nenhum homem do mundo seria capaz de desejar? Inversamente, se multidões inteiras adulam uma mulher é subentender que todos os homens são é o recurso sempre presente (e o mais freqüentemente oculto) da publicidade. Se é normal que vivamos nossos desejos por referência coletiva, a publicidade se empenha, todavia, em transformar tal circunstância na dimensão sistemática do desejo. Ela não se fia na espontaneidade das necessidades individuais, prefere controlá-las através do funcionamento do coletivo e pela cristalização da consciência sobre este coletivo puro. Uma espécie de sociodinâmica totalitária festeja aqui suas mais belas vitórias: uma estratégia da solicitação institui-se sobre a presunção coletiva. Esta promoção do desejo apenas pela determinação de grupo capta uma necessidade fundamental, a da comunicação, mas para orientá-la não em direção a uma coletividade real, mas sim a um fantasma coletivo. O exemplo de Pax é claro: a publicidade finge solidarizar os indivíduos à base de um produto cuja compra e uso precisamente os remetem às suas esferas individuais. Paradoxalmente, somos induzidos a comprar em nome de todo mundo, por solidariedade reflexa, um objeto sobre o qual nossa primeira providência será usá-lo para diferenciar-nos dos outros. *A nostalgia coletiva serve para alimentar a concorrência individual.* De fato, mesmo esta concorrência é ilusória, pois afinal cada um dos leitores do cartaz comprará *pessoalmente* o *mesmo* objeto que os outros. O balanço da operação, seu "lucro" (para a ordem social) consiste portanto na identificação regressiva a uma totalidade coletiva vaga e por meio desta, na interiorização da sanção grupal. Cumplicidade e culpabilidade como sempre estão aqui ligadas: o que *também* estabelece a publicidade é a culpabilidade (virtual) para com o grupo. Não mais porém segundo o esquema tradicional da censura: aqui, a angústia e a culpabilidade são suscitadas primeiro para todos os fins úteis; e este fim é, através da emergência de um desejo dirigido — a submissão às normas do grupo. Se é fácil contestar o imperativo explícito do cartaz Pax (não será ele que me fará comprar Pax em vez de Omo, Sunil ou não comprar nada) — é menos fácil recusar o significado segundo, a multidão vibrante, exaltada (sublinhada pela ideologia de "paz"). Resiste-se mal a este esquema de cumplicidade *porque não se trata sequer de resistir*: a conotação aqui é assim bastante legível, mas a sanção coletiva não é forçosamente figurada por uma multidão, porquanto pode ser substituída por qualquer outra representação. Erótica, por exemplo: por certo não se compram batatas fritas porque venham ilustradas com uma cabeleira loura e duas belas nádegas. Mas é certo que, nesta breve mobilização da libido pela imagem, é toda a instância social que terá tido tempo de passar, com seus esquemas habituais de repressão, de sublimação e de transferência.

O concurso publicitário

Um certo número de jornais lança anualmente concursos ligados a uma questão seletiva: quantas respostas (certas) haverá em nosso concurso? Esta simples questão recoloca o acaso quando toda a sagacidade do concorrente é empregada durante semanas para eliminá-lo. A emulação é reconduzida à opção mística do jogo de loteria. Mas o interessante é que não é qualquer acaso que é posto em jogo: nem Deus nem a fatalidade como outrora, mas um coletivo de ocasião, um grupo acidental e arbitrário (a soma de pessoas suscetíveis de tentar ou de se sair bem nesse concurso) que se torna a instância discriminatória e é a adivinhação desta instância, a identificação bem sucedida do indivíduo com este acaso coletivo que se torna o critério do sucesso. Daí o fato de as questões preliminares serem em geral tão fáceis: é preciso que o maior número tenha acesso ao essencial, à intuição mágica do Grande Coletivo (além disso, o acaso puro restaura o mito da democracia absoluta). Enfim, como significado último do concurso, temos uma espécie de coletividade fantasma, puramente conjetural, não estrutural, sem imagem de si mesma (ela se "encarnará" apenas abstratamente no momento preciso de se dissolver, no número de respostas certas) unicamente implicada na e pela gratificação de um só ou de alguns que a terão adivinhado na própria abstração.

Garap

Se consumimos o produto no produto, consumimos seu sentido na publicidade. Imaginem-se por um instante as cidades modernas despojadas de todos os seus signos, seus muros nus como uma consciência vazia. E que surgisse então GARAP, este único termo: GARAP, inscrito em todos os muros. Significante puro, sem significado, significando-se a si mesmo, lido, discutido, interpretado no vazio, significado a despeito de si mesmo: consumido como signo. E o que ele significa então, senão a sociedade capaz de emitir tal signo? Na sua própria insignificância mobilizou todo um coletivo imaginário. Tornou-se o indicativo de toda uma sociedade. De uma certa maneira as pessoas terminaram por "crer" em GARAP. Viu-se nele o sinal da onipotência da publicidade e se pensou que bastaria GARAP se especializar em um produto para que este viesse a se impor imediatamente. Ora, nada é menos certo que isto, e a astúcia dos publicitários tem sido justamente a de nunca o desmascarar. Com um significado explícito, as resistências individuais teriam sido novamente acionadas. Enquanto que com a fé em um signo puro, o consentimento, mesmo irônico, faz-se por si mesmo. E num relance o significado real da publicidade apareceu com grande pureza: a publicidade, como GARAP, é a sociedade de massa que, através de um signo arbitrário, sistemático, provoca a sensibilidade, mobiliza as consciências e se reconstitui neste próprio processo enquanto coletivo.[17]

Através da publicidade, é a sociedade de massa e de consumo que continuamente se submete a um plebiscito.[18]

Um novo humanismo?

O condicionamento serial

Vemos melhor qual sistema de condicionamento é ativado atrás dos temas de concorrência e de "personalização". A mesma ideologia com efeito: a concorrência que foi antigamente sob o signo da "liberdade" a regra de ouro da produção, foi transposta em nossos dias de forma extrema para o domínio do consumo. Através de milhares de diferenças marginais e da difração freqüentemente formal de um mesmo produto pelo condicionamento, esta concorrência exacerbou-se em todos os níveis, abrindo o imenso leque de uma liberdade precária, a última: a de escolher ao acaso os objetos que distinguirão você dos outros.[19] Realmente, pode-se pensar que a ideologia da concorrência se tem dedicado nesse domínio ao mesmo processo, e portanto ao mesmo fim que no domínio da produção: se o consumo ainda pode se apresentar como

(17) Deste sistema tautológico de reconhecimento, cada signo publicitário já testemunha a si só, uma vez que se indica sempre ao mesmo tempo como publicidade.

(18) Não se trata um pouco da função do sistema totêmico segundo Lévi-Strauss? Por meio de signos totêmicos arbitrários é a ordem de uma sociedade que se dá a ver na sua imanência duradoura. A publicidade seria assim o resultado de um sistema cultural que voltasse (pelo repertório das "marcas") à pobreza dos códigos de signos e dos sistemas arcaicos.

(19) O termo concorrência é ambíguo: aquilo que "concorre" a um só tempo rivaliza e converge. É rivalizando com obstinação que se "concorre" da forma mais segura para chegar ao mesmo ponto. Num certo limiar de progresso técnico (particularmente nos Estados Unidos) todos os objetos de uma mesma categoria terminam por se equivaler e a pressão por diferenciação não vai além de os fazer mudar em conjunto, todos os anos, segundo as mesmas normas. De igual forma a extrema liberdade de escolher arrasta a todos sob a pressão ritual de possuir a mesma coisa.

uma profissão liberal, onde a expressão pessoal atuaria, enquanto que a produção estaria definitivamente planificada, é simplesmente porque os técnicos de planificação psicológica se acham muito atrasados em relação aos da planificação econômica.

Queremos ainda o que os outros não têm. Ao menos nas sociedades européias ocidentais (o problema está em suspenso quanto ao Leste) achamo-nos ainda no estado de concorrência, heróico, na escolha e no uso dos produtos. A sucessão sistemática, a sincronização cíclica dos modelos não se acha ainda instituída como nos Estados Unidos.[20] Resistências psicológicas? Força da tradição? Mais simplesmente, a maioria da população encontra-se ainda longe de um *standing* suficiente para que, alinhando-se todos os objetos sob a mesma exigência máxima, exista no fundo somente um repertório de modelos, a diversidade venha a importar menos então que o fato de se possuir o "último" modelo — fetiche imperativo da valorização social. Nos Estados Unidos, 90% da população não experimenta quase nenhum outro desejo além do de possuir o que os outros possuem, a escolha recaindo em massa, de um ano a outro, sobre o último modelo que é uniformemente o melhor. Constituiu-se uma classe fixa de consumidores "normais" que praticamente coincide com o conjunto da população. Se isto não se dá na Europa, percebemos já muito bem, segundo a tendência irreversível para o modelo americano, a ambigüidade da publicidade: *ela nos leva à concorrência, mas,* através desta concorrência imaginária, *atrai uma profunda monotonia,* uma postulação uniforme, uma involução no sentido bem-aventurado da classe consumidora. Ela nos diz a um só tempo: "Compre isto porque não existe nada igual!" ("a carne da elite, o cigarro dos *happy few*" etc.), mas

---

(20) Nos Estados Unidos, os objetos essenciais, automóvel, refrigerador, tendem a uma duração previsível e imposta de um ano (três para a TV, um pouco mais para o apartamento). As normas sociais de *standing* terminam por impor um metabolismo do objeto, um ciclo cada vez mais rápido: é o novo ciclo, muito longe dos ciclos da natureza e que todavia curiosamente termina por vezes por coincidir com os antigos ciclos das estações; é este ciclo e a necessidade de o seguir que instituem hoje a verdadeira moral do cidadão americano.

também: "Compre isto porque todo o mundo o faz!"[21] E tal fato não é de forma alguma contraditório. Compreende-se que cada um se sinta original ainda que todos se assemelhem: para isso é suficiente um esquema de proteção coletiva e mitológica — de um modelo.[22]

A partir disso, pode-se pensar que o fim último de uma sociedade de consumo (não por um maquiavelismo de tecnocratas qualquer, mas pelo simples jogo estrutural da concorrência) é a funcionalização do próprio consumidor, a monopolização psicológica de todas as necessidades, — uma unanimidade do consumo que corresponde enfim harmoniosamente à concentração e ao dirigismo absoluto da produção.

A liberdade à revelia

A ideologia da concorrência cede lugar ademais por toda a parte a uma "filosofia" da realização pessoal. Em uma sociedade melhor integrada, os indivíduos não rivalizam mais pela posse de bens, realizam-se cada um por si no consumo. O *leit-motiv* não é mais aquele da concorrência seletiva, é o da personalização para todos. Ao mesmo tempo, a publicidade passou de uma prática comercial a uma teoria da *praxis* de consumo, teoria que coroa o edifício inteiro da sociedade. Nós a encontramos exposta com os publicitários americanos (Dichter, Martineau, etc.). O argumento disto é simples: 1º a sociedade de consumo (objetos, produtos, publicidade) oferece ao indivíduo, pela primeira vez na história, uma possibilidade de libertação e de realização total; 2º ultrapassando o consumo puro e simples rumo à expressão individual e coletiva, o sistema de consumo constitui uma linguagem autêntica, uma cultura nova. Assim ao

(21) Isto se acha perfeitamente resumido na ambiguidade do vous (o senhor, a senhora), publicitário, assim como o you inglês: "'Guinness is good for you." É esta uma fórmula de polidez (portanto personalizante) ou um apelo ao coletivo? vous singular ou vous plural? Os dois. E cada um na medida em que se assemelha a todos os outros: no fundo o *vous* gnômico = ON (se, a gente). (Cf. Léo Spitzer, *Sprache im technischen Zeitalter*, dez. de 1964, p. 961).

(22) Enquanto foi moda pentear-se como B. Bardot, cada jovem na moda era única a seus próprios olhos, já que não se referia nunca aos seis milhões de semelhantes, mas antes cada uma delas à própria Bardot, arquétipo sublime do qual provinha a originalidade. Em última instância isto não é mais embaraçoso do que para os loucos serem quatro ou cinco no mesmo asilo a se julgarem Napoleão. Pois a consciência então é qualificada não na sua relação real, mas no imaginário.

"niilismo" do consumo se opõe um "novo humanismo" do consumo.

Primeiro ponto: a realização pessoal. O Dr. Dichter, diretor do Instituto de Pesquisas sobre Motivação, define sem dificuldade a problemática deste homem novo.[23] "Enfrentamos atualmente o problema de permitir ao americano médio sentir-se moral mesmo quando namora, quando gasta, ou quando compra um segundo ou terceiro carro. Um dos problemas fundamentais desta prosperidade é dar às pessoas a sanção e a justificação para desfrutá-la, demonstrar-lhes que fazer de suas vidas um prazer é moral e não imoral. Esta permissão dada ao consumidor de usufruir livremente a vida, a demonstração de seu direito de se cercar de produtos que enriqueçam sua existência e lhe dêem prazer deve ser um dos temas primordiais de toda publicidade e de todo projeto destinado a promover as vendas." Eis-nos pois, por meio da motivação dirigida, numa era em que a publicidade assume a responsabilidade moral pelo corpo social, substitui a moral puritana por uma moral hedonista de pura satisfação e funciona como um novo estado de natureza no seio da hipercivilização. Contudo a última frase é ambígua: a finalidade da publicidade é libertar o homem de sua resistência à felicidade, ou promover as vendas? Deseja-se reorganizar a sociedade em função da satisfação ou em função do lucro? "Não", responde Bleustein-Blanchet (prefácio ao livro de Packard, *A Persuasão Clandestina*), "os estudos sobre motivação não ameaçam a liberdade dos indivíduos: não trazem consigo qualquer forma de atentar à sua liberdade de serem racionais ou irracionais." Nesta palavra há ou boa fé demais ou muita astúcia. Dichter é mais claro: achamo-nos em plena liberdade *outorgada*: "Esta permissão dada ao consumidor...", é preciso permitir aos homens serem crianças sem disso terem vergonha. "Livre para ser ele mesmo" significa claramente: livre para projetar seus desejos nos bens de produção. "Livre para gozar plenamente a vida..." significa: livre para ser irracional e regressivo e para adaptar-se assim a uma determinada ordem social de

(23) *La Stratégie du Désir*.

produção.[24] Esta "filosofia" da venda pouco se embaraça com o paradoxo: pretende possuir um alvo racional (esclarecer as pessoas sobre aquilo que querem) e métodos científicos a fim de promover no homem um comportamento irracional (aceitar ser apenas um complexo de pulsões imediatas e satisfazer-se com a sua satisfação). Aliás mesmo as pulsões são perigosas e os neofeiticeiros do consumo evitam libertar o homem segundo um objetivo explosivo da felicidade. Concedem somente uma solução para as tensões, ou seja, uma liberdade *à revelia*: "Toda vez que se cria alguma diferença de tensão que, engendrando um sentimento de frustração, conduz à ação, pode-se esperar que algum produto suprimirá tal tensão ao responder às aspirações de algum grupo. Nesse caso as probabilidades de que venha a se impor no mercado são grandes." (*Estratégia do desejo*, p. 81.) O propósito é permitir às pulsões outrora bloqueadas pelas instâncias mentais (tabus, superego, culpabilidade) que se cristalizem nos objetos, instâncias concretas em que fica abolida a força explosiva do desejo e se materializa a função repressiva ritual da ordem social. Perigosa é a liberdade de ser, que dirige o indivíduo contra a sociedade. Mais inofensiva é a liberdade de possuir, pois esta volta ao jogo sem o saber. Esta liberdade é pois bastante moral, como diz o Dr. Dichter: é mesmo o objetivo do objetivo da moralidade, uma vez que o consumidor é simultaneamente reconciliado consigo mesmo e com o grupo. É o ser social perfeito. A moral tradicional apenas impunha ao indivíduo ser conforme o grupo, a publicidade "filosófica" lhe impõe de hoje em diante que seja conforme a si mesmo, que resolva seus conflitos: ela o investe moralmente como jamais o fora antes. Tabus, angústias, neuroses que fazem do indivíduo um marginal, um fora-da-lei, serão suprimidas ao preço de uma tranqüilizadora regressão aos objetos, o que reforçará de todos os lados as imagens do Pai e da Mãe. A irracionalidade cada vez mais "livre" das pulsões na base irá a par de um controle cada vez mais estrito no vértice.

(24) Para retomar o esquema marxista de *A Questão Judaica*, o indivíduo na sociedade de consumo é livre enquanto consumidor e somente livre como tal. Emancipação formal.

Uma nova linguagem ?

Segundo ponto: o sistema objetos/publicidade constitui uma linguagem? Toda esta filosofia ideal-consumidora é fundada na substituição da relação humana, viva e conflituosa, por uma relação "personalizada" nos objetos: "Todo processo de compra, diz Pierre Martineau (*Motivation et Publicité,* pp. 107-108), é uma interação entre a personalidade do indivíduo e a do produto." Simulamos crer que os produtos se diferenciaram e multiplicaram de tal forma que se tornaram seres *complexos,* e que assim a relação de compra e de consumo é igual em valor a não importa que relação *humana.*[25] Mas justamente: existe aí uma sintaxe viva? Os objetos esclarecem as necessidades e as estruturam de uma maneira nova? Reciprocamente, esclarecem as necessidades novas estruturas sociais pela mediação dos objetos e de sua produção? Em caso afirmativo, pode-se falar de linguagem. Do contrário, tudo isso não passa de idealismo manhoso de empresário.

Estrutura e decupagem: a marca.

A compra nada tem de uma troca livre e viva. É uma operação pré-coercitiva na qual se defrontam dois sistemas irredutíveis: um, móvel, incoerente, do indivíduo — com suas necessidades, seus conflitos, sua negatividade, — o outro, codificado, classificado, descontínuo, relativamente coerente, dos produtos em toda a sua positividade. Nada de interação, antes integração forçada do sistema das necessidades no sistema dos produtos. Certamente o conjunto constitui um sistema de significações e não somente de satisfação. Mas para que haja "linguagem" é preciso uma sintaxe: com os objetos de consumo de massa temos apenas um repertório. Expliquemo-nos.

No estádio de produção artesanal, os objetos refletem as necessidades na sua contingência, sua singularidade. Os dois sistemas são adaptados um ao outro:

---

(25) Existem outros métodos, mais arcaicos, de personalização da compra: o ato de pechinchar, a compra de ocasião (a oportunidade), o *shopping* (a paciência e o jogo), etc. São arcaicos já que pressupõem o produto passivo e o comprador ativo. Hoje, toda a iniciativa de personalização é transferida para a publicidade.

mas o conjunto permanece pouco coerente, existe somente a coerência relativa das necessidades. Estas são móveis, contingentes: não há progresso técnico objetivo. Na era industrial, os objetos fabricados adquirem uma coerência que lhes vem da ordem técnica e das estruturas econômicas, é o sistema das necessidades que se torna menos coerente que o dos objetos. Este último impõe sua coerência e adquire assim o poder de modelar uma civilização (Simondon, *op. cit.*, p. 24). Pode-se também dizer que "a máquina substituiu a série ilimitada das variáveis (os objetos 'sob medida' adaptados às necessidades) por um número limitado de constantes". (Mumford, *Tech. et Civil.*, p. 246.) Certamente há nesta evolução as primícias de uma linguagem: estruturação interna, simplificação, passagem para o limitado e o descontínuo, constituição de tecnemas e convergência sempre maior destes tecnemas. Se o objeto artesanal acha-se no nível da fala, a tecnologia industrial institui uma língua. Mas língua não é linguagem: não é a estrutura concreta do motor do automóvel que se fala, é a forma, a cor, a linha, os acessórios, o *standing* do objeto. Aí é a torre de Babel: cada qual fala seu idioma. Contudo, ainda assim, a produção serial, através das diferenças calculadas, das variantes combinatórias, recorta as significações, instaura um repertório, criando um léxico de formas e de cores em que se podem inscrever modalidades recorrentes da "fala": trata-se por conseguinte de uma linguagem? Para este imenso paradigma, falta uma verdadeira sintaxe. Não há nem aquela rigorosa do nível tecnológico, nem a outra muito frouxa das necessidades: flutua de uma a outra como um repertório em extensão, tende a se esgotar no plano cotidiano em uma imensa grade combinatória de tipos e de modelos em que as necessidades são ventiladas na sua incoerência, sem que haja estruturação recíproca. Já que os produtos têm coerência bem maior, são as necessidades que refluem sobre eles e vão, ao se partirem em pedaços, ao se tornarem descontínuas — inserir-se com dificuldade, arbitrariamente na grade dos objetos. No fundo, o sistema das necessidades individuais submerge o mundo dos objetos em sua contingência absoluta, mas esta contingência é de certa forma repertório, classificado, decomposto pelos objetos: ela pode pois (e esta é a finalidade real do sistema no plano sócio-econômico) ser dirigida. Se a ordem técnica industrial adquire o poder de modelar nossa civilização, é pois de uma maneira dupla e contraditória: por sua coerência e por sua incoerência. Por sua coerência estrutural (tecnológica) "no vértice", pela incoerência inestrutural (mas dirigida) do mecanismo de comercialização dos produtos e de satisfação das necessidades, "na base". Por aí se vê que se a linguagem, por não ser nem consumida nem possuída como propriedade por aqueles que a falam, preserva sempre a possibilidade do "essencial" e de uma sintaxe de troca (estruturação da comunicação), o sistema objetos/publicidade, invadido pelo inessencial, por um mundo desestruturado de necessidades, contenta-se em satisfazê-lo em detalhe, sem jamais instituir novas estruturas de troca coletiva.

P. Martineau diz ainda: "Certamente não existem relações simples entre categorias de compradores e categorias de carros. O ser humano é um conjunto complexo de numerosas motivações que podem se combinar de inumeráveis maneiras. Todavia se admite que as diferentes marcas e modelos auxiliam as pessoas a exprimir sua própria personalidade". A este respeito ilustra esta "personalização" com alguns exemplos. "O conservador na sua escolha de carro deseja dar uma impressão de dignidade, de maturidade, de seriedade... Já outro determinado tipo de personalidade de carro é escolhido pelas pessoas nem muito frívolas nem muito austeras, na moda sem serem de vanguarda... A gama das personalidades compreende igualmente os inovadores e os ultramodernos, etc." Martineau tem razão sem dúvida: é assim que as pessoas se definem em relação a seus objetos. Mas é também o que mostra que estes não constituem uma linguagem, mas uma gama de critérios distintivos mais ou menos arbitrariamente catalogados em uma gama de personalidades estereotipadas. Tudo se passa como se o sistema diferencial do consumo auxiliasse poderosamente a recortar:

1º no próprio consumidor setores categoriais de necessidades que têm apenas uma longínqua ligação com a pessoa como totalidade viva;

2º no conjunto social setores categoriais ou "grupos de estatuto", que se reconheçam neste ou naquele conjunto de objetos. As gamas hierarquizadas de objetos e de produtos desempenham então estritamente o papel que desempenhavam outrora as gamas distintivas de valores, sobre os quais repousa a moral de grupo.

Nos dois planos há solicitação, indução forçada e categorização do mundo pessoal e social, a partir dos objetos, para um repertório hierarquizado sem sintaxe, quer dizer, *para uma ordem de classificação e não uma linguagem*. Tudo se passa como se houvesse não dialética mas decupagem social e, através dessa decupagem, imposição de uma ordem e, através desta ordem, imposição de uma espécie de porvir objetivo (materializado em objetos) para cada um dos grupos: enfim, um quadriculado em cujo quadro as reações tenderiam de preferência a se empobrecer. Os filósofos eufóricos e astutos da "motivação" gostariam bem de se persuadir e de persuadir os outros de que o reinado do objeto ainda é o caminho mais curto para a liberdade. Eles querem para prova disto o amálgama espetacular de necessidades, de satisfações, a profusão da escolha, toda esta feira da oferta e da procura cuja efervescência pode dar a ilusão de uma cultura. Mas não nos enganemos nesse ponto: os objetos são *categorias de objetos* que induzem de forma muito tirânica *categorias de pessoas* — eles exercem o policiamento do sentido social, as significações que fazem nascer estão sob controle. Sua proliferação a um só tempo arbitrária e coerente é o melhor veículo de uma ordem social igualmente arbitrária e coerente, que se materializa neles eficazmente sob o signo da abundância.

O conceito de "marca" — conceito cardeal da publicidade — resume bastante bem as possibilidades de uma "linguagem" do consumo. Todos os produtos (salvo a alimentação perecível) se propõem hoje sob uma sigla imposta: cada produto "digno deste nome" tem uma marca (que por vezes chega mesmo a substituir o nome da coisa: *frigidaire*). A função da marca é indicar o produto, sua função segunda é mobilizar as conotações afetivas: "Na nossa economia fortemente competitiva, poucos produtos conservam por longo tempo uma superioridade técnica. É preciso lhes dar ressonâncias que os individualizem, dotar-lhes de associações e de imagens, dar-lhes significações em numerosos níveis, se quisermos que se vendam bem e suscitem apegos afetivos expressos pela fidelidade a uma marca" (Martineau, *op. cit.*, p. 75).

Assim se opera a reestruturação psicológica do consumidor: por meio de um nome: PHILIPS, OLIDA, GENERAL MOTORS, — capaz de resumir a um só tempo uma diversidade de objetos e uma multidão de significações difusas. Vocábulo de síntese que resume uma afetividade de síntese: é o milagre do "rótulo psicológico". Trata-se enfim da única linguagem que nos fala do objeto, a única que ele inventou. Ora, este léxico de base que cobre os muros e persegue as consciências é estritamente assintático: as diversas marcas se sucedem, se justapõem, se substituem umas às outras sem articulação nem transição, léxico errático, uma devorando a outra, cada qual vivendo por repetição incansável. Esta linguagem sem dúvida é a mais pobre que existe: pesada de significações e vazia de sentido. Trata-se de uma linguagem de sinais e a "fidelidade" a uma marca constitui unicamente o reflexo de uma afetividade dirigida.

Mas não será um benefício, objetam nossos filósofos, evocar as forças profundas (ainda que para as reintegrar no sistema bastante pobre dos rótulos)? "Liberte-se da censura! Frustre seu superego! Tenha a coragem de seus desejos!" Ora, solicitam-se verdadeiramente tais forças profundas para lhes permitir que se articulem em uma linguagem? Este sistema de significações permite levar a um sentido, e a qual sentido, zonas até então ocultas do indivíduo? Escutemos ainda Martineau: "É naturalmente preferível utilizar termos aceitáveis, estereotipados: esta é a própria essência da metáfora (!)... Se procuro um cigarro "suave" ou um "belo" carro, mesmo sendo incapaz de definir tais atributos literalmente, sei que eles indicam alguma coisa de desejável. O automobilista médio não sabe o que é o octano na gasolina mas sabe vagamente que é qualquer coisa positiva. Em conseqüência pede gasolina com alto índice de octano porque é esta qualidade positiva e essencial anunciada em um jargão ininteligível" (p. 142). Em outros termos, o discurso publicitário unicamente suscita o desejo para o generalizar nos termos mais vagos. As "forças profundas", reduzidas à sua mais simples expressão, são catalogadas em um código institucional de conotações e a "escolha" no fundo somente sela o conluio entre esta ordem *moral* e minhas veleidades profundas: tal é a alquimia do "rótulo psicológico".[26]

Esta evocação estereotipada das "forças profundas" equivale simplesmente a uma *censura*. Esta ideologia da realização pessoal, o ilogicismo triunfante dos impulsos isentados de culpa na verdade constitui somente uma gigantesca empresa de materialização do superego. *A censura é que é primeiro "personalizada" no objeto.* Os filósofos do consumo estão em condição de falar de "forças profundas" como se fossem possibilidades imediatas de felicidade que basta liberar. Todo o inconsciente é conflituoso e na medida em que a publicidade o mobiliza, mobiliza-o enquanto conflito. Ela não libera os impulsos, mobiliza primeiro os fantasmas que bloqueiam tais impulsos. Daí a ambigüidade do objeto em que a pessoa jamais consegue se superar mas pode somente se recolher contraditoriamente: em seus desejos e nas forças que os censuram. Reencontramos aí o esquema global de gratificação/frustração analisado anteriormente: o objeto veicula sempre, por uma solução formal das tensões, por uma regressão jamais lograda, a recondução perpétua dos conflitos. Estaria talvez aí uma definição da forma específica da alienação contemporânea: os próprios conflitos interiores, as "forças profundas" são mobilizadas e alienadas no processo de consumo exatamente como o é a força de trabalho no processo de produção.

Nada mudou, ou melhor mudou: as restrições para a realização do indivíduo não se exercem mais através de leis repressivas, de normas de obediência; a censura se exerce através das condutas "livres" (compra, escolha,

---

(26) De fato, comparar a publicidade a uma *magia* é dignificá-la muito. O léxico nominalista dos alquimistas tem já qualquer coisa de uma verdadeira linguagem, estruturada por uma *praxis* de pesquisa e de decifração. O nominalismo da "marca" é puramente imanente e congelado pelo imperativo econômico.

consumo), através de um investimento espontâneo interioriza-se por assim dizer na própria fruição.

Um código universal: o standing

O sistema objetos/publicidade constitui pois menos uma linguagem, de que não possui uma sintaxe viva, do que um sistema de significações: existe aí a pobreza e a eficácia de um código. Ele não estrutura a personalidade, designa-a e classifica-a. Não estrutura a relação social: recorta-a em um repertório hierárquico. Formaliza-se em um sistema universal de referência do estatuto social: o código do *standing*.

No quadro da "sociedade de consumo", a noção de estatuto, como critério de determinação do ser social, tende cada vez mais a se simplificar e a coincidir com a de *standing* (prestígio social). Ora, o *standing* é avaliado também em relação ao poder, à autoridade, à responsabilidade, mas no fundo: "Não existe verdadeira responsabilidade sem relógio Lip!" Toda a publicidade refere-se explicitamente ao objeto como a um critério imperativo: "Você será julgado por... Reconhece-se uma mulher elegante com..." etc. Sem dúvida os objetos sempre constituíram um sistema de referência, mas paralelamente e muitas vezes acessoriamente a outros sistemas (gestual, ritual, cerimonial, linguagem, estatuto de nascimento, código de valores morais, etc.). O que é característico de nossa sociedade é que os outros sistemas de reconhecimento neles se assimilam progressivamente em benefício exclusivo do código do *standing*. Este código evidentemente se impõe mais ou menos segundo o quadro social e o nível econômico, mas a função coletiva da publicidade é a de nos converter a ele. Este código é moral já que é sancionado pelo grupo e que qualquer infração a ele é considerada mais ou menos culposa. Este código é totalitário, ninguém lhe escapa: escapar a ele em caráter privado não significa que deixamos de participar a cada dia de sua elaboração no plano coletivo. Não crer nele é ainda crer que os outros nele creiam o bastante para entrar, mesmo ironicamente, no jogo. Mesmo as condutas refratárias a tal código são consideradas em função de uma sociedade que a ele se conforma. Este código tem ademais aspectos positivos:

1º Não é mais arbitrário do que qualquer outro: a evidência do valor, mesmo diante de nossos próprios olhos, encontra-se igualmente no automóvel que trocamos, no bairro onde habitamos, nos múltiplos objetos que nos cercam e nos distinguem. Apenas isso. Mas todos os códigos de valores não têm sido sempre parciais e arbitrários (os códigos morais em primeiro lugar)?

2º Constitui uma socialização, uma secularização total dos signos de reconhecimento: acha-se pois ligado à emancipação ao menos formal das relações sociais. Os objetos não só tornam mais suportável a vida material ao se multiplicarem como bens, tornam igualmente mais suportável o estatuto recíproco dos homens ao se generalizarem como signos de reconhecimento. O sistema de *standing* ao menos tem como vantagem tornar caducos todos os rituais de casta ou de classe, e de maneira geral, todos os critérios anteriores (e interiores) de discriminação social.

3º Constitui pela primeira vez na história um sistema de signos e de leitura *universal*. Pode-se lamentar que ele afaste todos os outros, mas pode-se inversamente dizer que a exaustão progressiva dos outros sistemas (de nascimento, de classe, de função), a extensão da concorrência, a maior mobilidade social, a ventilação acelerada dos grupos sociais, a instabilidade das linguagens e sua multiplicação, tornava necessária a instituição de um código de reconhecimento claro, sem rodeios, universal. Num mundo em que milhões de homens se cruzam cada dia sem se conhecer, o código do *standing,* ao satisfazer a exigência vital de estar informado a respeito do outro, preenche uma função social essencial.

Contudo:

1º Esta universalização, esta eficácia são obtidas ao preço de uma simplificação radical, de um empobrecimento, de uma regressão quase definitiva da "linguagem" do valor: "Toda pessoa é qualificada por seus objetos". A coerência é obtida pela instauração de uma combinatória ou de um repertório: linguagem funcional pois, mas simbólica e estruturalmente pobre.

2º O fato de que um sistema de leitura e de reconhecimento seja hoje válido para todos, que os signos do valor sejam inteiramente socializados e objetivados, não conduz de modo algum a uma "democratização" real. Parece ao contrário que a *pressão de referência única somente exacerba o desejo de discriminação*: percebe-se que se desdobra, no próprio quadro deste sistema homogêneo, uma obsessão sempre nova por hierarquia e por distinção. Se as barreiras morais, de etiqueta e de linguagem, caem, novas barreiras, novidades exclusivas, surgem no campo dos objetos: uma nova moral de classe, ou de casta consegue meios desta vez de investir-se naquilo que existe de mais material, de mais incontestável.

Se pois o código do *standing* se acha hoje em vias de constituir uma ordem universal de significações, legível à vista, permitindo uma circulação fluida em toda a escala do grupo, representações sociais, a sociedade nem por isso se torna transparente. Este código nos dá a imagem de uma falsa transparência, de uma falsa legibilidade das relações sociais, atrás da qual as verdadeiras estruturas de produção e de relações sociais permanecem ilegíveis. Uma sociedade seria transparente somente se o conhecimento da ordem de significações fosse também o da ordem das estruturas e dos acontecimentos sociais. Não é o caso do sistema objetos/publicidade, que oferece apenas um código de significações sempre cúmplice e opaco. Por outro lado, se ele fornece por sua coerência uma segurança formal, constitui também o melhor meio para a sociedade global estender sua jurisdição imanente e permanente sobre todos os indivíduos.

CONCLUSÃO: RUMO A UMA DEFINIÇÃO DO "CONSUMO"

Gostaríamos de concluir esta análise, em diferentes níveis, da relação com os objetos no seu processo sistemático, por uma definição do "consumo", já que, de resto, é aí que confluem todos os elementos de uma prática atual nesse domínio.

Pode-se com efeito conceber o consumo como uma modalidade característica de nossa civilização industrial — com a condição de o desembaraçar de uma vez por todas de sua acepção corrente: a de um processo de satisfação das necessidades. O consumo não é este modo passivo de absorção e de apropriação que se opõe ao modo ativo da produção para que sejam confrontados os esquemas ingênuos de comportamento (e de alienação). É preciso que fique claramente estabelecido desde o início que o consumo é um modo ativo de relação (não apenas com os objetos mas com a coletividade e com o mundo), um modo de atividade sistemática e de resposta global no qual se funda todo nosso sistema cultural.

É preciso estabelecer claramente que não são os objetos e os produtos materiais que são objeto de consumo: estes são apenas objeto da necessidade e da satisfação. Em todos os tempos comprou-se, possuiu-se, usufruiu-se, gastou-se — e contudo não se "consumiu". As festas "primitivas", a prodigalidade do senhor feudal, o luxo do burguês do século XIX não pertencem ao consumo. E se nos sentimos justificados a usar este termo na sociedade contemporânea, não é porque passamos a comer mais e melhor, porque absorvemos mais imagens e mensagens, porque dispomos de mais aparelhos e de *gadgets*. Nem o volume dos bens nem a satisfação das necessidades são suficientes para definir o conceito de consumo: constituem somente uma sua condição prévia.

O consumo não é nem uma prática material, nem uma fenomenologia da "abundância", não se define nem pelo alimento que se digere, nem pelo vestuário que se veste, nem pelo carro que se usa, nem pela substância oral e visual das imagens e mensagens, mas pela organização de tudo isto em substância significante; *é ele a totalidade virtual de todos os objetos e mensagens constituídos de agora então em um discurso cada vez mais coerente.* O consumo, pelo fato de possuir um sentido, *é uma atividade de manipulação sistemática de signos.*

O objeto-símbolo tradicional (os utensílios, os móveis, a própria casa), mediador de uma relação real ou de uma situação vivida, trazendo claramente impresso na sua substância e na sua forma a dinâmica consciente ou inconsciente desta relação, portanto não-arbitrária, este objeto ligado, impregnado, pesado de conotação, mas sempre vivo por sua relação de interioridade, de transitividade em direção ao ato ou gesto humanos (coletivos ou individuais), este objeto não é consumido. *Para tornar-se objeto de consumo é preciso que o objeto se torne signo,* quer dizer, exterior de alguma forma a uma relação da qual apenas significa — *portanto arbitrário* e não coerente com esta relação concreta mas adquirindo coerência e conseqüentemente sentido em uma relação abstrata e sistemática com todos os outros objetos-signos. É então que ele se "personaliza", que entra na série, etc.: é consumido — jamais na sua materialidade mas na sua diferença.

Esta conversão do objeto para um estatuto sistemático de signo implica uma modificação simultânea da relação humana, que se faz relação de consumo, vale dizer, que tende a se consumir (no duplo sentido da palavra*: de se "efetuar" e de se "suprimir") nos e pelos objetos, os quais passam a ser a sua mediação obrigatória e, rapidamente, o signo substitutivo, o *alibi*.

Vê-se que o que é consumido nunca são os objetos e sim a própria relação — a um só tempo significada e ausente, incluída e excluída — é a *idéia da relação* que se consome na série de objetos que a deixa visível.

A relação não é mais vivida: torna-se abstrata e se anula em um objeto-signo em que é consumida.

O estatuto da relação/objeto é orquestrado em todos os níveis pela ordem de produção. Toda a publicidade sugere que a relação viva, contraditória, não deve perturbar a ordem "racional" da produção, que ela deve ser consumida como tudo o mais. Deve-se "personalizar" para integrar-se nela. Reunimo-nos aqui, quanto a seu resultado, à lógica formal da mercadoria analisada por Marx: assim como as necessidades, os sentimentos, a cultura, o saber, todas as forças próprias do homem acham-se integradas como mercadoria na ordem de produção e se materializam em forças produtivas para serem vendidas, hoje em dia todos os desejos, os projetos, as exigências, todas as paixões e todas as relações abstratizam-se (e se materializam) em signos e em objetos para serem compradas e consumidas. O casal, por exemplo: sua finalidade objetiva passa a ser o consumo

(*) Em francês *consommer* (apesar de existir a palavra *consumer*) significa igualmente *consumir* e *consumar*, o que não se dá no português. (N. da T.)

de objetos, entre outros objetos outrora simbólicos da relação.[1]

Se lermos o início do romance de Georges Pérec, *Les Choses* (Lettres Nouvelles, 1965): "O olho primeiro deslizaria pela passadeira parda de um longo corredor, alto e estreito. As paredes seriam de armários embutidos de madeira clara cujas ferragens de cobre luziriam. Três gravuras ... conduziriam a um pano de couro preso por três grossos anéis de madeira com veios e que um simples gesto bastaria para fazer deslizar... [A seguir] Seria uma sala de estar com cerca de sete metros de comprimento por três de largura. À esquerda em uma espécie de alcova, um largo divã de couro preto machucado seria flanqueado por duas bibliotecas de cerejeira pálida onde os livros se empilhariam em desordem. Acima do divã, um portulano ocuparia todo o comprimento do painel. Além de uma pequena mesa baixa, sob um tapete de crina, preso por três pregos de cobre de grandes cabeças e que faria par com o pano de couro, um outro divã, perpendicular ao primeiro, recoberto de veludo castanho-claro, conduziria a um pequeno móvel de pés altos laqueado de vermelho-escuro, guarnecido com três prateleiras que sustentariam bibelôs: ágatas e ovos de pedra, caixas de rapé, *bonbonnières*, cinzeiros de jade, etc. Mais adiante... cofrezinhos e discos ao lado de uma vitrola fechada na qual se distinguiriam somente quatro botões de aço lavrado..." (p. 12), fica claro que nada aqui, malgrado a espécie de nostalgia densa e suave deste "interior", tem ainda valor simbólico. Basta comparar esta descrição com uma descrição de interior em Balzac para ver que nenhuma relação humana acha-se no caso inscrita nas coisas: tudo é signo, e signo puro. Nada possui presença ou história, tudo pelo contrário é aí rico de referências: oriental, escocesa, *early american*, etc. Todos estes objetos têm *somente singularidade*: são apenas abstratos na sua diferença (seu modo de ser re-

(1) Assim, nos Estados Unidos os casais são encorajados a trocar de alianças todos os anos e a "tornar significativa" sua relação por meio de presentes e de compras "em comum".

ferencial) e se combinam precisamente em virtude desta abstração. Achamo-nos no universo do consumo.²

Ora, a continuação da narrativa deixa entrever a função de um tal sistema de objetos/signos: longe de simbolizar uma relação, tais objetos exteriores a ela na sua contínua "referência", descrevem o vazio da relação, legível por toda a parte na inexistência tanto de um como de outro dos dois parceiros. Jérôme e Sylvie não existem enquanto casal: sua única realidade é "Jérôme-e-Sylvie", pura cumplicidade que transparece no sistema de objetos que a significa. Não devemos tampouco afirmar que os objetos substituem mecanicamente a relação ausente e preenchem um vazio, não: eles *descrevem* este vazio, o lugar da relação, em um movimento que é igualmente uma maneira não de vivê-la, mas de a designar ainda que sempre (salvo no caso de regressão total) para uma possibilidade de viver. A relação não se atola na positividade absoluta dos objetos, ela se articula neles tal como sobre pontos materiais de uma cadeia de significação — apenas esta configuração significativa dos objetos é a maior parte do tempo, pobre, esquemática, fechada, neles repisa somente a *idéia de uma relação* que não é dada a viver. Divã de couro, eletrola, bibelôs, cinzeiros de jade: é a *idéia da relação* que se faz significativa nesses objetos, "consome-se" neles e portanto neles se anula enquanto relação vivida.

Isto define o consumo como uma *prática idealista total,* sistemática, que ultrapassa de longe a relação com os objetos e a relação interindividual para se estender a todos os registros da história, da comunicação e da cultura. Assim a exigência de cultura é viva: mas no livro de luxo ou no cromo da sala de jantar é só a *idéia* que é *consumida*. A exigência revolucionária é viva, mas impossibilitada de se realizar na prática é consumida na idéia da Revolução. Enquanto idéia, a Revolução é com efeito eterna, e será eternamente consumível da mesma forma que outra idéia qualquer — todas, mesmo as mais contraditórias, podendo coexis-

---

(2) Estamos tratando, no "interior" de G. Pérec, com objetos já transcendentes por meio da moda, não com objetos "de série". Reina neste interior uma coerção cultural total — um terrorismo cultural. Mas isto altera nada no próprio sistema do consumo.

tir enquanto signos na lógica idealista do consumo. A Revolução é significada então em uma terminologia combinatória, em um léxico de termos imediatos em que ela é dada como consumada, em que ela "se consome".[3]

De igual maneira os objetos de consumo constituem um léxico idealista de signos onde é indicado em uma materialidade fugaz o próprio projeto de viver. Isto também pode ser lido em Pérec (p. 15): "Parecia-lhes por vezes que uma vida inteira poderia harmoniosamente escoar-se entre estas paredes cobertas de livros, entre estes objetos tão perfeitamente domesticados que iriam acabar por crer que tivessem sido criados desde sempre para seu uso exclusivo... Mas não se sentiriam aí acorrentados: determinados dias, sairiam ao acaso. Nenhum projeto lhes seria impossível." Ora, precisamente isto se dá no condicional e o livro o desmente: não há mais projeto, não há senão objetos. Ou antes, o projeto não desapareceu: satisfaz-se com sua realização como signo no objeto. O objeto de consumo é assim exatamente *aquilo no qual o projeto se "resigna"*.

Isto explica que NÃO HAJA LIMITES AO CONSUMO. Se fosse ele aquilo que consideramos ingenuamente: uma absorção, uma devoração, deveria se chegar a uma saturação. Se dissesse respeito à ordem das necessidades, deveria se encaminhar para uma satisfação. Ora, sabemos que não é nada disso: deseja-se consumir cada vez mais. Esta compulsão de consumo não se deve a alguma fatalidade psicológica (o que o berço dá, a tumba leva, etc.) nem a uma simples coerção de prestígio. Se o consumo parece irreprimível, é justamente porque constitui uma prática idealista total que nada mais tem a ver (além de um certo limiar) nem com a satisfação de necessidades nem com o princípio de realidade. É que ela se acha dinamizada pelo projeto sempre frustrado e subentendido no objeto. O projeto imediatizado no signo transfere sua dinâmica existencial para a posse sistemática e indefinida de objetos/signos

---

(3) A etimologia é aqui edificante: "Tudo é consumido" = "Tudo é consumado" e certamente também "Tudo é destruído". A Revolução é "consumida" na idéia da Revolução significa que a Revolução nela se consuma (formalmente) e nela se anula: o que é dado como realizado passa a ser então imediatamente consumível.

de consumo. Esta doravante somente pode ultrapassar-se ou reiterar-se continuamente para permanecer aquilo que é: uma razão de viver. O próprio projeto de viver, fragmentado, frustrado, significado, é retomado e abolido nos objetos sucessivos. "Moderar" o consumo ou querer estabelecer uma grade de necessidades apta a normalizá-lo depende pois de um moralismo ingênuo ou absurdo.

É da frustrada exigência por totalidade residente no fundo do projeto que surge o processo sistemático e indefinido do consumo. Os objetos/signos na sua idealidade equivalem-se e podem se multiplicar ao infinito: *devem* fazê-lo para preencher a todo instante uma realidade ausente. Finalmente é porque se funda sobre uma *ausência* que o consumo vem a ser irreprimível.

POSFÁCIO

Zulmira Ribeiro Tavares

Jean Baudrillard escolhe o termo "sistema" para com ele trabalhar o imenso campo dos objetos em que vive mergulhado o homem contemporâneo. Em o *Système de la Mode*, Roland Barthes considera o termo (quando usado em sentido lato) como um "conjunto de unidades, de funções e de forças", e é apenas nessa acepção ampla que se pode aceitar o seu uso no trabalho em questão. Por sua vez "objeto" é definido por A. Moles em um ensaio para a revista *Communications* (13), de forma bastante aceitável, como sendo um elemento do mundo exterior, fabricado pelo homem e que este deve assumir ou manipular. Considera-o ainda como independente e móvel, ligado à escala humana e um pouco inferior ao próprio homem. Baudrillard contudo amplia e torna menos rigorosa tal definição ao incorporar automóveis e residências ao sistema dos objetos, ampliação plenamente justificável porque permite manipular a noção dentro de pluralidades já organizadas culturalmente.

Voltando à noção de "sistema"; esta, privilegiada pela especulação contemporânea através principalmente da Cibernética, da Lingüística e da Antropologia estrutural, acarreta consigo uma certa idéia de "fechamento",[1] de autonomia da área estudada, de imanência. Ora, se é verdade que qualquer campo tornado objeto de estudo deve, para que tal se dê, assumir certo grau de independência, é preciso reconhecer todavia que a excessiva fascinação contemporânea pelo termo "sistema" resulta em análise muitas vezes forçada, de rigor científico discutível em que o assunto enfocado passa freqüentemente de motivo a mero pretexto para a exemplificação do próprio instrumental adotado. Este não é o caso do trabalho de Baudrillard, que aliás contém pasagens agudíssimas e de importância indiscutível. Contudo, a abordagem do autor merece alguns reparos. Ao colocar antecipadamente a Lingüística como a perspectiva básica para o enfoque do tema (ainda que acentue a profunda diferença entre o sistema dos objetos e o da língua), o autor toma como certo uma universalização do modelo lingüístico como garantia para o rigor da sistematização. Ora, se é verdade que qualquer campo "significativo" (e qual não o é?) não pode escapar à língua, não pode deixar de estar por ela impregnado, a identificação entre esta circunstância e modelo lingüístico não se justifica nem mesmo no âmbito de uma Filosofia da Ciência. A dialética entre língua e fala, entre denotação e conotação, extraídas as noções da própria Lingüística, continuamente a extrapolam e o uso rigoroso da língua em hipótese alguma pode

---

(1) A noção de sistema não exclui propriamente o sistema aberto. Isto porém somente em uma Teoria dos Sistemas, onde o termo é aprofundado, diversificado, e sua aplicação e pertinência amplamente examinados.

ser confundido com aplicação rigorosa do modelo lingüístico. Como exemplo lembro apenas que a Filosofia da Matemática não se faz através de um processo de formalização análogo ao da própria Matemática. Temos assim uma linguagem *menos* formalizada para a avaliação de outra *mais* formalizada e a necessidade desta "perda de formalização" para a inserção da "maior formalização" (a Matemática) em um conjunto especulativo amplo constitui o ponto crítico por excelência para a determinação da noção de rigor. Tal defasagem demonstra que as linguagens-objeto e as metalinguagens não se encontram sempre em um espaço homogêneo, não se dão necessariamente em uma só extensão e os problemas inerentes à língua objetivada e à língua como instrumento de objetivação se inserem numa complexíssima rede de práticas e processos talvez nunca redutíveis a um só modelo. Baudrillard tem disto consciência quando diz que "diversamente da língua, a tecnologia não constitui um sistema estável. Ao contrário dos monemas e dos fonemas, os tecnemas acham-se em contínua evolução". Observa ainda que os dois níveis, "o da denotação objetiva e o da conotação (por meio do qual o objeto é investido, comercializado, personalizado, por onde chega ao uso e entra em um sistema cultural) não são, nas condições atuais de produção e de consumo, estritamente dissociáveis como o são os da língua e da fala em Lingüística". E conclui: "À base desta distinção pode-se fazer uma reaproximação estreita entre a análise dos objetos e a Lingüística, ou antes, a Semiologia". Contudo, tanto a distinção inicial quanto a aproximação ulterior permitem supor que, se ele não caminha para a identidade acima criticada, considera-a sem dúvida como a máxima aspiração a que deve tender qualquer estudo que se debruce sobre "especificidades". Pois a noção de sistema em geral com sua exigência por autonomia internalizada é acentuada, como no caso do livro de Baudrillard, pela aproximação com o sistema lingüístico, o que acarreta em uma análise de tal tipo crescente exigência por inteligibilidade total. Inteligibilidade inclusive (e principalmente) daquilo que nela se apresenta como irracional ou inconsciente. As partes em relação ao todo, este em relação às partes e estas entre si, devem possuir uma capacidade combinatória quase tão rica quanto a própria língua, devem poder relacionar-se em unidades significativas maiores ou menores e devem principalmente permitir que dela se extraiam outras redes significativas, aquelas justamente que irão revelar o plano do inconsciente. Ora, se é plena verdade que o sistema dos objetos caminhe, no dizer do próprio autor, da "estruturalidade técnica" para as "significações segundas", do "sistema tecnológico" para um "sistema cultural", a apreensão e descrição deste nível de "culturalidade" que subjaz ao mero utilitário infelizmente não decorre dentro de uma superfície igual. Ou seja, há objetos que significam mais, outros menos, outros quase nada, o que cria necessariamente hiatos, zonas obscuras ou mesmo de significação "zero" para a percepção crítica. As "significações segundas", o "nível conotativo", levados pelo afã "interpretativo" ou "descodificador", terminam por hipertrofiar-se, acabam por ganhar uma descabida congruência e praticamente liquidam com o nível primeiro. A restrição que faço cola-se aliás perfeitamente a certas "leituras" que psicanalistas realizam do mundo objetual. A respeito existe a seguinte anedota: Em uma mesa redonda, vários psicanalistas discutiam durante horas já sobre símbolos fálicos. A um determinado momento um deles bate na mesa e adverte, desesperado: "Senhores, senhores, por favor, atenção! É preciso não esquecer que a banana *também* é uma fruta!" De igual maneira Baudrillard diz em uma nota: "Contudo uma lei da dimensão parece atuar na organização simbólica: além de um certo tamanho, qualquer objeto, mesmo o fálico de uso (carro, foguete) torna-se receptáculo, vaso, útero — aquém, faz-se peniano (mesmo se for vaso ou bibelô)". Sem considerar as curiosas relações entre dimensão e inversão fálica simbólica, tidas como perfeitamente plausíveis para o autor uma vez enunciadas, é principalmente a cândida naturalidade com que carros e foguetes são denominados "fálicos de uso" sem ulteriores discussões, que justifica a necessidade de uma advertência semelhante à do psicanalista da estória. Esta passagem e outras mais estreitamente dependentes da Lingüística que da Semiologia ou da Psicanálise, como quando o autor estabelece toda uma dialética entre *machin* e *machine* apoiando-se em parte na etimologia da palavra (o que também parcialmente invalida a análise para a língua portuguesa), revelam o aspecto caricato e extremo desta contínua redução do objeto a signo puro com fins sem dúvida à sistematização absoluta do campo objetual. Pois um objeto não-significante tende a recair sobre si, a não se mover e mal permite a sua interpenetração com outros. Assim quando Baudrillard critica a obsessão contemporânea por funcionalidade dizendo que ela "se explica se for relacionada à função de fecalidade que requer absoluta condutibilidade dos órgãos interiores" — e acrescenta — "Existiram aí as bases de uma caracterologia da civilização tecnológica: se a hipocondria é a obsessão pela circulação das substâncias e a fucionalidade dos órgãos primários, se poderia de certo modo qualificar o homem moderno, o cibernético, como o hipocondríaco cerebral, obsedado pela circulação absoluta das mensagens" pode-se inserir na ousada (e um tanto cômica) definição o próprio autor, obsedado não apenas pela circulação absoluta das mensagens, quaisquer, como principalmente das mensagens cruzadas, em camadas, subterrâneas, etc., enfim das "mensagens segundas". Baudrillard (além da Lingüística e Semiologia) faz assim amplo uso da Psicanálise (atualmente reavaliada e incorporada aos estudos de Lingüística por Lacan). Faz também um menor uso da Sociologia[2] naquele exato ponto de interseção entre esta e a psicologia profunda tal como foi levada a efeito por Marcuse em *Eros e Civilização* (*A Philosophical Inquiry into Freud*), o que permite ao trabalho a "unidade sistemática" almejada sem que dela resulte no caso aquela "neutralidade" tão louvada pelos adeptos do sistema em caixa alta. Neutralidade aliás defendida por Barthes no *Système de la Mode* quando nega na relação entre sistema-objeto e metalinguagem do analista qualquer substância "verdadeira", substituindo o termo por "validade formal" sem conjeturar, quem sabe, que "validade" pode se revelar expressão tão (se não mais) ideológica que o termo "verdade" e de tão difícil determinação quanto este. Afinal, explicar por que algo possui "validade formal" não é menos complicado que circunscrever a área de uma "verdade" (discussão que

(2) Todavia Baudrillard é sociólogo.

aqui não cabe estender, posto seja pertinente à noção de sistema). Barthes enfim em uma pequena nota do mesmo capítulo reconhece que é sobre a imaginação taxinômica (aquela do semiólogo) que se deve fazer recair o instrumental da Psicanálise e da crítica histórica. O que Barthes descarta em duas linhas em um livro de mais de 300 páginas, Baudrillard insere e inclui no próprio corpo de seu trabalho e se isto tira alguma coisa à pureza absoluta do "sistema", pior para o sistema e melhor para o enfoque. Pois Baudrillard estabelece uma dialética entre um sistema de técnicas e um de práticas. Interessa-se em como a "racionalidade dos objetos desenvolve-se em luta com a irracionalidade das necessidades e como tal contradição faz surgir um sistema de significações que se emprega para resolvê-la" e não pelos modelos tecnológicos puros "sobre cuja verdade fundamental, todavia, destaca-se continuamente a realidade vivida pelo objeto". A dialética é explicitamente assumida quando o autor diz que "O dinamismo estrutural da técnica coagula-se ao nível dos objetos na subjetividade diferencial do sistema cultural que por sua vez repercute sobre a ordem técnica". Acha-se bem claro outrossim o instrumental da psicologia profunda (já exemplificado atrás) que usa para montar o seu trabalho quando afirma: "O homem vinculou todo o seu porvir em uma empresa de domesticação das energias naturais externas e da energia libidinal interna, experimentadas ambas como ameaça e fatalidade. A economia inconsciente do Sistema dos Objetos é a de um dispositivo de projeção e de domesticação (ou controle) da libido pela eficiência interposta". Fica patente desta forma que o autor estabelece por assim dizer uma "miniaturização" do "princípio de realidade" freudiano, levando-o a deslocar-se do amplo painel histórico (subjacente à noção de superego) para concentrá-lo na nítida topografia objetual (a eficiência interposta). E, o que é mais importante, quando diz que "a descrição do sistema dos objetos não se dá sem uma crítica à ideologia prática do sistema" parece deixar claro que assume o princípio de realidade como Marcuse o faz em sua releitura de Freud, vale dizer, como passível de modificação. Assim, o conceito adotado por Marcuse, o de "mais-repressão", apesar de não ser explicitamente articulado por Baudrillard, ressalta de seu enunciado de crítica à ideologia do sistema.[3] E igualmente o enunciado de Marcuse no livro já citado de que "as categorias psicológicas se converteram em categorias políticas" e de que "a fronteira tradicional entre a Psicologia, de um lado, a Política e a Filosofia Social, de outro, tornou-se obsoleta em virtude da condição do homem na era presente" cabem perfeitamente no trabalho de Baudrillard.

Baudrillard divide sua análise em quatro grandes partes subdivididas em outras menores.

Na primeira, O SISTEMA FUNCIONAL OU O DISCURSO OBJETIVO, o autor propõe uma revisão da noção de "objeto funcional" amplamente divulgada pela Bauhaus (o nome do importante centro cultural não é contudo mencionado no livro) e particularmente enfatizada de 1930 a 1950. A Bauhaus, ao admitir uma adequação perfeita entre forma e função no objeto, tinha como pacífico o seguinte ponto de vista:

O de que a "função" do objeto praticamente poderia ser esgotada ao nível de uma utilidade primária, explícita, e a de que a sua "culturalização" conseqüentemente também estaria limitada a uma área precisa: a de um perfeito entrosamento entre homem/tecnologia/natureza. Walter Gropius ao fazer a defesa do que se pretendia com a Bauhaus na série de trabalhos enfeixados sobre o título *Bauhaus: Novarquitetura* (Editora Perspectiva, col. Debates, 1972) deixou entretanto clara a inexistência de um "estilo Bauhaus" e que "o funcionalismo não equivalia meramente a processos racionais, abrangendo também os problemas psicológicos". Ora, se isto é em parte verdade e a Bauhaus quase sempre foi conhecida apenas através de uma deformação, é igualmente verdade que acreditava ela numa crescente pertinência do objeto, o qual, através de uma função cada vez mais adequada ao homem contemporâneo, desta adequação retirasse seu valor estético. Aquilo que Gropius chama "problemas psicológicos" evidentemente se liga apenas ao prazer auferido

---

(3) Baudrillard: "A irracionalidade cada vez mais livre dos impulsos na base (via regressão tranqüilizadora aos objetos) dá-se a par de um controle cada vez mais escrito no vértice."

na percepção de linhas, cores, volumes e materiais bem "entrosados" e por "racionalidade" tudo indica que se refira ele ao plano tecnológico puro. Baudrillard contudo liquida com esta pretensão e afirma que tanto a "função" como a "racionalidade" foram aos poucos mitificadas e a "função", ao emancipar-se do objeto, adquiriu um valor por si, valor-signo, para posteriormente retomar ele objeto na condição de "exigência cultural", exigência esta muitas vezes em choque com o verdadeiro desenvolvimento do homem em sua relação com a tecnologia. Assim as noções de "inconsciente" e de "repressão" com que Baudrillard trabalha permitem que esta linha ascendente, de uma ascensão racional favorável ao homem (Bauhaus), se apresente fragmentada, emaranhada ou destruída por aspirações múltiplas e conflitantes.

Este é o trecho em que a análise de Baudrillard se revela mais penetrante e fina e por meio dela os "problemas psicológicos" assinalados por Gropius deixam de possuir uma só dimensão. E assim quando este diz: "para nós a criação devia 'funcionar' tanto no sentido físico quanto psicológico", como estabelecer o mecanismo desta "função" uma vez admitido, como Baudrillard o faz, que o plano psicológico não só possui vários níveis e uma interação extremamente complexa, como ainda atua no meio ambiente e se faz por ele atuado? O valor "função" além do mais, quando deslocado do plano utilitário e psicológico puros para o sócio-cultural, permite (ainda segundo o autor) estabelecer uma aproximação com Marx na distinção que este aponta entre emancipação e libertação verdadeira. Para Baudrillard assim, a libertação da função no objeto não vem a ser necessariamente a do próprio objeto e o que é mais importante: "assim como o objeto é somente libertado em sua função, o homem reciprocamente é libertado somente como usuário deste objeto", o que ele concede ser um progresso mas não um momento decisivo. E quando finalmente radicaliza seu ponto de vista ao afirmar que hoje "funcionalidade não qualifica de modo algum aquilo que se adapta a um fim, mas aquilo que se adapta a uma ordem ou a um sistema", não se pode negar a inteligência da afirmação e deixar de encontrar no meio ambiente contemporâneo mil e um exemplos que a corroborem. E é desta "racionalidade" fechada em si mesma, internalizada, abstrata, que resulta, segundo ele, parte da desordem na relação homem/objetos, onde o homem se coloca em desvantagem, como "menos coerente que seus próprios objetos". Tanto nesta parte da análise sobre o objeto "funcional" como nas que se lhe seguem, a conclusão que se tira é a de que: qualquer "aptidão" apresentada pelo objeto, uma vez apresentada como "signo", parece incapacitar o mesmo objeto — ao nível de uma prática imediata — a exercê-la de forma adequada. Em última instância e tornando um pouco grosseiro o raciocínio de Baudrillard — a condição sígnica como que revelaria o estágio das atuais verdadeiras relações entre homens e objetos em que, ao invés do homem manipular objetos, seria ao contrário por eles manipulado; estaria sempre indo à deriva, vivendo uma realidade objetual diversa da pretendida. Desta forma, sem o persistente otimismo dos que fizeram a Bauhaus ou são os seus legítimos herdeiros, a análise de Baudrillard levaria à conclusão (apesar de este não ser o seu ponto de vista expresso) de que jamais seria possível encontrar, no labirinto das razões-pretextos, razões-recalques, dos deslocamentos, gratificações, resistências etc., o ponto de partida para uma verdadeira racionalidade (a favor do homem). Contudo uma pitada de Baudrillard também não faria nada mal aos atuais *designers*. Liquidaria sem dúvida com parte de sua candura ao permitir que fossem reavaliadas as "necessidades" do usuário e melhor compreendida a sua eventual reação aos modelos por eles propostos, à sua enxuta, cirúrgica e drástica catequese em prol da "boa forma". No plano do cartaz, por exemplo, esta noção que há alguns anos era identificada pelos mesmos *designers* à pura adoção dos recursos tipográficos mais simples, ao "letrismo" e neste à eleição das letras mais "legíveis", à ausência de figuras, tidas como elementos espúrios, absurdas excrescências dentro de um tal puritanismo industrial — começa a ser revista. Através de Baudrillard compreende-se agora melhor o surgimento de uma complexíssima floração de elementos figurativos os mais variados, o que explicaria também — em parte — a revivescência do *art-nouveau*, onde o floreal surgiria desvinculado de suas raízes históricas e de suas proposições e apenas marcaria, na sinuosidade de suas linhas, a recusa por uma falsa identificação entre racionalidade e técnica.

Nas três outras partes do livro: B. O SISTEMA NÃO-FUNCIONAL OU O DISCURSO, C. O SISTEMA META- E DISFUNCIONAL: GADGETS E ROBÔS e D. O SISTEMA SÓCIO-IDEOLÓGICO DOS OBJETOS E DO CONSUMO, o autor avança e aprofunda a análise sobre a pretendida "transparência" das finalidades do objeto em nossa sociedade. Em O SISTEMA NÃO-FUNCIONAL mostra como o "passado inteiro volta ao circuito do consumo" e o porquê: o homem tem necessidade dele como da "lasca de madeira do Santo Lenho que santificava a igreja, de um talismã, de um detalhe de realidade absoluta e que esteja no coração do real, inserido no real para o justificar". Tal é o objeto antigo para Baudrillard "que se reveste sempre, no seio do meio ambiente, de um valor de célula-mãe." Em O SISTEMA META- E DISFUNCIONAL destaca, ao contrário, a coexistente necessidade por um futuro absoluto, mitologizado, e o demonstra por meio da noção de "automatismo", caracterizada como "conceito maior do triunfalismo mecanicista e ideal mitológico do objeto moderno" e afirma: "a verdadeira funcionalidade não corresponde a um acréscimo de automação, mas a uma certa margem de indeterminação que permite à máquina o ser sensível a uma informação exterior". Ao dizer que "o automatismo é apenas a personalização sonhada ao nível do objeto" frisa mais uma vez a desumanização do homem, não pela máquina, mas pelas aspirações duvidosas que esta, quando mal compreendida, suscita. Para Baudrillard a ficção científica no fundo só teria inventado um único superobjeto, o Robô, que se constituiria em síntese entre "funcionalidade absoluta e absoluto antropomorfismo". Baudrillard aponta no estágio atual como que um "câncer do objeto" produzido por "automatismo, acessórios, diferenças inessenciais", mas ao afirmar que "homens e técnicas, necessidades e objetos estruturam-se reciprocamente para o melhor e o pior" não vê o processo da crescente disfuncionalidade sob a aparente funcionalidade como irreversível, apesar de deixar a questão demasiado aberta para que se possa vislumbrar — por meio do seu próprio texto — alguma saída.

Na última parte finalmente, D. O SISTEMA SÓCIO-IDEOLÓGICO DOS OBJETOS E DO CONSUMO esta disfuncionalidade encoberta passa a ser mais nitidamente integrada ao campo sócio-cultural. 1º quando, por meio dos próprios objetos, na distinção estabelecida entre *Modelos* e *séries*, emergem as diferenças entre classes sociais. 2º no mecanismo de circulação dos objetos, seja ao nível da economia (o crédito), seja no do imaginário (a publicidade). Distinção e circulação (no crédito ou na publicidade) apresentadas como interdependentes. Em *Modelos e séries* Baudrillard defende a idéia de como em uma sociedade industrial capitalista, apesar da aparente tendência à democratização do consumo com a conseqüente (ilusória) liquidação da idéia de objeto único, a persistência da diferença discriminatória entre modelo e série, vivida concretamente ou (principalmente) como representação mental, persiste e mesmo aumenta. No caso da "idealidade do modelo", este, virtual, é assumido como aspiração e montado (induzido) a partir de diferenças ínfimas extraídas da série. O próprio passado, a própria "nostalgia cultural", ao voltarem ao circuito do consumo, o fazem ratificando as diferenças de classe. Segundo Baudrillard, cada classe teria então "o seu museu pessoal de ocasião" exceção feita à classe operária e camponesa que, não possuindo nem o lazer nem o dinheiro suficientes, não "participariam ainda do fenômeno de aculturação que afetaria as outras". Na segunda parte, ligada ao crédito, Baudrillard reitera ainda a defasagem entre modelo e série ao dizer que geralmente o objeto comprado à vista constitui-se como modelo e o a crédito tem bem poucas probabilidades de vir a sê-lo. "Hipotecado, o objeto escapa a você no tempo, no fundo sempre lhe escapou. E esta fuga reúne em um outro plano aquela do objeto de série que escapa continuamente para o modelo." Todavia mais tarde ele desdobra a tal ponto a aplicação do crédito onde este surge como a tendência básica e globalizadora do consumo na sociedade contemporânea, que a discriminação estabelecida não se torna mais tão clara. Por outro lado o autor é bastante claro e convincente ao afirmar que por meio do consumo multiplicado e da inexauribilidade na liquidação dos débitos através do crédito, os objetos assumem uma função sócio-política inexistente até então. O exemplo limite do homem que compra o carro a crédito sem ter o dinheiro para a gasolina caracteriza exemplarmente este deslocamento no tempo que impede aquele que possui e aquele que paga de se reconhecerem como uma só pessoa.

A terceira parte, relativa à publicidade, transpõe o mecanismo de circulação, consumo e uso dos objetos para o plano puro da "significação", da imagem. Com a publicidade enfim é que se revelaria o que verdadeiramente consumimos através do objeto e não *no* objeto. O autor absolutiza a emancipação do nível de significação que permeia o objeto ao afirmar que "no fundo a imagem e sua leitura não são de modo algum o caminho mais curto para um objeto, mas sim para uma outra imagem". A admissão literal da assertiva mais uma vez levaria à recuperação da anedota psicanalítica relatada atrás. O estudioso do campo objetual estaria tão obsedado pelo nível "conotativo" que ao examinar um automóvel (através principalmente de sua imagem publicitária) ficaria muito surpreendido quando um colega o advertisse com um tapinha nas costas que "além de fálico de uso" o carro *também* servia como veículo de transporte humano!

O autor nega, todavia, apesar da constatação de que a publicidade caminha de significação à significação, que ela se articule propriamente como "linguagem" pois segundo ele nela inexiste sintaxe viva, somente há repertório. "Para esse imenso paradigma (objetos/publicidade) falta uma verdadeira sintaxe". Retomo aqui a crítica feita por mim no início quando teço considerações sobre a pertinência da terminologia lingüística, ao observar que o autor reitera, ainda que para negar a condição de linguagem ao campo estudado, a necessidade — no caso, a meu ver, postiça — do modelo lingüístico.

Por sua vez a observação de que a publicidade, por conter inúmeras persuasões de ordem diversa e mesmo oposta, acabaria por neutralizar-se e, conseqüentemente, por imunizar o cidadão, é bastante plausível. Este então passaria "não a crer neste produto, mas a crer na publicidade que me quer fazer crer nele". Através desta formulação surge agora bastante clara a existência da publicidade enquanto produto autônomo de consumo e manifestação de cultura. Desempenharia ainda um papel "maternal" (novamente a psicologia profunda) e falsamente coletivizador ao mostrar a cada indivíduo (e a todos) como a sociedade com ele se preocupa, como com ele joga e para ele vive. Pois se o produto tem que ser comprado, a publicidade em compensação é "ofertada" ao cidadão. Todavia adverte o autor: "aquilo que é ofertado a título psicológico é retirado da pesquisa técnica fundamental". Apesar da suposição ser bastante cabível, não se apresenta necessariamente como evidente. Poderia ser tentada ainda uma inversão da análise: a ausência de qualquer publicidade talvez viesse a implicar para determinados tipos de objetos, não em um aumento de verba para a pesquisa pura mas em estagnação da própria pesquisa por ausência de estímulo no plano da concorrência[3], a qual se articula e manifesta justamente com a publicidade. A comparação com sistemas socialistas de economia grandemente planificada e publicidade apenas estatal, seria o único caminho para conclusões seguras a este respeito.

Passando da publicidade ao consumo, Baudrillard o vê como o plano para onde confluiriam todos os elementos de uma prática atual dos objetos no seu processo sistemático. O consumo (ou, acrescento eu: a imagem publicitária como ação) é encarado como prática idealista total, que nada mais teria a ver (além de um certo limiar), "nem com a satisfação de necessidades, nem com o princípio de realidade". Aqui faço a seguinte pergunta: Se além de um certo limiar nada se tem mais a ver com o "princípio de realidade" sob o qual é montado a "repressão" freudiana, ou a "mais-repressão" marcusiana (que permite encarar o próprio princípio como sujeito a modificação), então como escapar desta abstração total, desta sistemática que segundo ele se funda sobre uma "diferença", sobre uma "ausência" e não sobre a materialidade mesma dos objetos, e por isso se torna irreprimível? Concordo em que o objeto que se "usou", se "gastou", se "acabou"

(4) Pois é possível encarar (muito cautelosamente e mais como hipótese de trabalho) a concorrência — na sua manifestação mais justa — como um diálogo crítico transposto ao nível do objeto.

etc., não foi necessariamente "consumido" segundo a acepção que o autor dá ao termo. Posso ainda achar que esta voracidade irreprimível do consumo, uma voracidade sem fundo, sem fim, dê-se porque o que se consome na verdade é o que passa através do objeto e não o que nele fica retido. (Daí o autor encarar o consumo como "ativo" e não como passivo. Pois esta modalidade de fruição implicaria em ativa participação do autor, com o seu acervo imaginário, no imaginário coletivo, inserção que se organizaria como substância significante.) Mas aí surge a dificuldade. Ao se encarar o consumo como uma "atividade de manipulação sistemática de signos", conclui-se obrigatoriamente que para que tal se dê haja um "deslocamento" do nível primário (de consumo material) para o segundo (no imaginário). Neste nível fechado então, "sistematizado", como escapar ao processo de incoercível fuga para um imaginário sempre mais amplo, como inverter uma tal tendência "idealista", segundo o autor? Como enfim "voltar"?

Baudrillard estabelece — é verdade — uma dialética entre projeto de viver em sua exigência por totalidade e a multifacetação inumerável da mesma exigência (frustrada/fragmentada) na produção e consumo de n-objetos (desdobrados ao infinito já que montados através de suas "diferenças" rebatidas para o imaginário). Mas, repito, o meio para a supressão ou inversão da tendência não fica claro, ainda que o autor deixe entrever uma crítica ao sistema de produção/consumo capitalista. O autor aumenta ainda o hiato entre nível primeiro de consumo e nível segundo e acredito mesmo que "emperre" o possível movimento dialético entre ambos ao afirmar que, como já foi mencionado, no consumo quando uma coisa se realiza como "signo", não se realiza como "fato". Dá, entre outros, o exemplo de que a exigência por revolução é apaziguada ao ser consumida e convive com outras exigências contrárias nesta condição, ou seja, enquanto "idéia". [Uma visão marcusiana, talvez, mas agora do Marcuse pessimista de *Ideologia da Sociedade Industrial* (*One-Dimensional Man*).] Neste caso o nível primeiro da *praxis* residiria em uma não-significação? A própria significação, ao se descolar e se emancipar do objeto quando este passasse à categoria de signo — não poderia então retomá-lo e integrá-lo em outra *praxis* que — enfim — não fosse apenas simulacro? Da dialética entre um sistema de técnicas e um de práticas, exposta no início, o sistema de significações que se empregaria para resolvê-la resultaria então, mesmo, totalmente destorcido e totalmente vão como possibilidade de se alcançar e se modificar a realidade? As perguntas colocadas no início e algumas análises efetuadas ao longo do trabalho, não levariam a tal conclusão. Contudo, no final do livro, partindo da análise sobre o consumo, alguns pronunciamentos deste tipo como que são reforçados e por sua vez reforçam o hiato entre signo e fato, hiato que eu, na condição de leitor, não saberia transpor.

Recapitulando:

Se o autor diz que "funcionalidade" não é mais o que se adapta a um fim, mas aquilo que se adapta a uma ordem ou sistema (parte A).

Se diz que a "historicidade do objeto antigo é recusa da história por trás da exaltação dos signos — presença negada da história" (parte B).

Se diz que o automatismo é apenas "a verdade imaginária do objeto" frente à qual sua estrutura e sua função concreta nos deixam bastante indiferentes. "Desvio técnico que abre para o universo inteiro um delírio funcional" ("Nesta zona poli-para-hiper- e meta-funcional, o objeto, longe das determinações objetivas é tomado inteiramente pelo imaginário") (parte C).

Se diz ainda que o consumo não é passivo mas sim ativo, contudo que esta "atividade" se dá dentro de uma "prática idealista total" (através de uma manipulação de signos) e se diz ainda que a imagem publicitária não é o caminho mais curto para um objeto mas sim para outra imagem (parte D).

Torna-se claro que,

O Sistema dos Objetos tal como Baudrillard o apresenta é decomposto em subsistemas, cada qual coerente consigo mesmo, assim como uma construção em camadas (não importa às vezes que, a respeito, tenha sido usada a palavra "dialética") e os diversos níveis de coerência simplesmente formal montariam uma gigantesca, uma tremenda contrafação da racionalidade (realizada por estas sucessivas inserções de elementos em planos meramente abstratos de coerência). Nisto tudo o homem não passaria de incauta vítima dentro de tão monumental trapaça. Continuamente o chão lhe fugiria sob os pés mas ele continuaria sempre em frente, pisando firme e ouvindo o ressoar de seus próprios passos naquilo que em verdade nada teria de sólido, que não passaria de um chão-signo-vácuo.

Ora, a meu ver as coisas não são nem utilidades primeiras, puras (denotativas) nem só utilidades segundas (conotativas) e é desta mescla de dado bruto e significação[4] que nasce qualquer ação do homem, circunstância que não depende — assim julgo — do atual estágio industrial da sociedade.

A "culturalização" contém em si mesma a possibilidade de revisão do dado bruto, ou da "utilidade" mais simples, se é que ambos podem ser considerados de forma absoluta em um universo humano. Pois ao nível do signo, a primitiva "opacidade" do objeto dissolve-se, sendo-lhe emprestada uma capacidade combinatória em diversos tipos de *praxis*. Se a totalidade da *praxis* em determinadas sociedades (ou na totalidade da sociedade contemporânea) resulta destorcida ou traída, *contra* o homem ao invés de *com* o homem, não creio que tal se dê particularmente por causa deste mecanismo da "denotação" para a "conotação".

Repiso aqui (insistentemente repiso) a crítica ao uso da teoria da informação (ou comunicação), mais especificamente da Lingüística, para fazer uma análise que aspira (e fragmentariamente o consegue) chegar ao social. Retomo ainda aqui a crítica à própria noção de sistema, privilegiada em tais disciplinas. Pois levado por ela o autor se obriga a olhar para o plano exclusivamente objetual, a configurá-lo e a nele ficar. Assim, apesar do instrumental vário, nessa "descritividade" a que o "fechamento" implicado na noção de sistema

---

(5) Atenção: "denotação" e "dado bruto" apenas aqui se confundem, ligados pela noção de "utilidade primeira" (primária). Esta no caso diz respeito àquela utilidade-não-significativa, resultante da manipulação de um objeto fruto de uma tecnologia que unicamente visasse o usuário em seu aspecto menos diferenciado (menos "culturalizado"); mais "bruto".

impõe, Baudrillard chega a uma curiosa visão "fenomenológica" (entendido o termo sem rigor) do campo estudado. Visão fenomenológica que na procura de uma descrição sempre mais "fiel" e "pura" do sistema, ao invés de chegar a reduções, à essência da construção objetual, caminha contraditoriamente para uma proliferação, para uma multiplicação dos elementos da área focalizada. A linguagem do autor (ou o seu discurso) estende-se então numa curiosa e "inflada" não-contenção (em que tudo pode ser dito e nada precisa ser provado). Esta crítica que aqui faço aparentemente invalidaria a obra. Na aparência apenas, pois as análises parciais a que o autor submete conjuntos de objetos, são tão agudas que exigem e impõem a sua leitura. Assim, a despeito da noção de "sistema", da camisa-de-força (nem sempre usada com muito rigor, felizmente) do modelo lingüístico, e da aceitação demasiadamente tranqüila dos postulados da psicologia profunda, o autor chega em amplas partes do livro a uma inteligentíssima compreensão da sociedade contemporânea capitalista. Todavia neste processo de descrição que procura ser inventariante e classificador por um lado e, por outro, totalizador na sua aspiração de tudo incorporar e de tudo relacionar, de tudo fazer caber *dentro* do "sistema", a sua posição crítica global acaba até certo ponto diluída, submersa mesmo na exuberância da descrição. Em suma: *A contenção forçada do método usado na análise acaba por gerar uma incontenção descritivo-interpretativa ao longo do processo da mesma análise.*

Posteriormente em um pequeno trabalho intitulado "A Moral dos Objetos. Função-signo e Lógica de classe". *Communications* 13.1969) imprime agora Baudrillard a este imenso material levantado, a este riquíssimo desvelamento dos diferentes tipos de objetualidades, uma direção crítica clara e concisa. Neste pequeno trabalho o autor introduz o plano sócio-cultural como prioritário, apesar da manutenção da antiga terminologia e o sistema dos objetos é que passa a ser incorporado a tal plano e não o inverso. O resultado então também se inverte: a uma aparente falta de rigor (pois a amplitude do que cabe dentro da noção de sócio-cultural tende a forçar e a esmaecer limites precisos), a uma flexibilidade do método, a uma suposta "impureza" de recursos de análise, resulta uma avaliação bem mais nítida, uma posição crítica franca e atual da sociedade de consumo. Mas *O Sistema dos Objetos* não lhe é inferior, ou melhor, nem cabe a comparação. O riquíssimo material minuciosamente analisado no livro é que oferece enfim a possibilidade para a direção crítica subseqüente.

Quanto ao leitor brasileiro, a análise de Baudrillard é imprescindível. Por meio dela evidencia-se pela primeira vez ao nível de sua própria "expressão" objetual, a fictícia transparência de finalidades dos objetos, até então aqui no Brasil apenas insinuada através de estudos de outra ordem (Georges Friedmann, Marcuse, por exemplo). Mais particularmente, o estudo de Baudrillard projeta — como foi dito atrás — a primeira sombra de dúvida ou negação em face da inexorabilidade racional e afirmativa do desenho industrial. Em conseqüência, seja no mundo fabricado de hoje, seja no mundo do absoluto tecnológico do amanhã, nessas três faixas o leitor investiga o que, na incessante multiplicação e consumo de objetos, lhe escapa de vital e lhe sobra como inércia, trapaça ou fingimento de ação.

SEMIOLOGIA E SEMIÓTICA NA PERSPECTIVA

O Sistema dos Objetos – Jean Baudrillard (D070)
Introdução à Semanálise – Julia Kristeva (D084)
Semiótica Russa – Boris Schnaiderman (D162)
Semiótica, Informação e Comunicação – J. Teixeira Coelho Netto (D168)
Morfologia e Estrutura no Conto Folclórico – Alan Dundes (D252)
Semiótica – Charles S. Peirce (E046)
Tratado Geral de Semiótica – Umberto Eco (E073)
A Estratégia dos Signos – Lucrécia D'Aléssio Ferrara (E079)
Lector in Fabula – Umberto Eco (E089)
Poética em Ação – Roman Jakobson (E092)
Tradução Intersemiótica – Julio Plaza (E093)
O Signo de Três – Umberto Eco e Thomas A. Sebeok (E121)
O Significado do Ídiche – Benjamin Harshav (E134)
Os Limites da Interpretação – Umberto Eco (E135)
A Teoria Geral dos Signos – Elisabeth Walther-Bense (E164)
Imaginários Urbanos – Armando Silva (E173)
Presenças do Outro – Eric Landowski (E183)
Autopoiesis. Semiótica. Escritura – Eduardo de Oliveira Elias (E253)
Poética e Estruturalismo em Israel – Ziva Ben-Porat e Benjamin Hrushovski (EL28)

Este livro foi impresso na cidade de Cotia,
nas oficinas da Meta Brasil,
para a Editora Perspectiva.